"Approccio Strategico al Marketing Aziendale"

Indice:

Introduzione al marketing Aziendale

Definizione di Marketing Aziendale

Il marketing aziendale può essere definito come l'insieme di attività e strategie che un'azienda mette in atto per identificare, soddisfare e mantenere la domanda di prodotti o servizi da parte dei suoi clienti target. È un processo che coinvolge la creazione, la comunicazione e la consegna di valore ai clienti, al fine di ottenere un vantaggio competitivo sostenibile e raggiungere gli obiettivi aziendali.

Il marketing aziendale si basa su una profonda comprensione delle esigenze, dei desideri e dei comportamenti dei clienti, nonché sull'analisi del mercato e della concorrenza. Attraverso una corretta segmentazione di mercato e targeting degli specifici segmenti di clientela, le aziende possono sviluppare offerte di valore personalizzate, adattate alle esigenze specifiche dei clienti.

Le attività di marketing aziendale comprendono la definizione della strategia di marketing, la gestione del marchio e dell'immagine aziendale, lo sviluppo del mix di marketing (prodotto, prezzo, distribuzione, promozione), la comunicazione con i clienti attraverso diversi canali, la gestione delle relazioni con i clienti e l'analisi delle prestazioni per valutare l'efficacia delle strategie di marketing.

Obiettivi fondamentali del marketing aziendale includono l'aumento delle vendite, la fidelizzazione dei clienti, l'acquisizione di nuovi clienti, il miglioramento della reputazione aziendale, la differenziazione dai concorrenti e la creazione di un vantaggio competitivo sostenibile nel lungo termine.

In sintesi, il marketing aziendale è un processo strategico e operativo che mira a comprendere, influenzare e soddisfare le esigenze dei clienti attraverso l'offerta di prodotti o servizi di valore, al fine di ottenere successo e crescita aziendale.

CAPITOLO 1

Concetto di marketing e la sua applicazione alle aziende

Il concetto di marketing si basa sulla filosofia che il successo di un'azienda dipende dalla capacità di soddisfare le esigenze e i desideri dei clienti in modo più efficace rispetto ai concorrenti. Non si tratta solo di vendere prodotti o servizi, ma di creare valore per i clienti, stabilire relazioni a lungo termine e conseguire gli obiettivi aziendali.

L'applicazione del concetto di marketing alle aziende coinvolge diversi aspetti:

Orientamento al cliente: L'azienda deve mettere al centro delle sue attività i bisogni e le preferenze dei clienti. È necessario comprendere profondamente il mercato di riferimento, le esigenze dei clienti e i fattori che influenzano le loro decisioni d'acquisto.

Segmentazione di mercato: Il mercato non è omogeneo, quindi le aziende devono suddividerlo in segmenti in base a caratteristiche comuni come demografia, comportamento d'acquisto o preferenze. Ciò consente di creare offerte di valore mirate a gruppi specifici di clienti.

Targeting: Una volta suddiviso il mercato in segmenti, l'azienda deve selezionare i segmenti di clientela più attraenti e in linea con la propria proposta di valore. Il targeting mira a concentrare le risorse dell'azienda sui segmenti di clientela più promettenti e adattare le strategie di marketing per soddisfare le loro esigenze specifiche.

Posizionamento: Il posizionamento riguarda la percezione che i clienti hanno dell'azienda e dei suoi prodotti o servizi rispetto ai concorrenti. L'azienda deve sviluppare una posizione unica e distintiva nel mercato, comunicando in modo efficace i valori e i benefici che offre ai clienti.

Mix di marketing: L'azienda deve gestire attentamente le leve del marketing, conosciute come il mix di marketing o le "4P" (prodotto, prezzo, distribuzione, promozione). Questo implica la definizione e la creazione di prodotti o servizi che soddisfino le esigenze dei clienti, la determinazione di prezzi appropriati, la scelta dei canali di distribuzione adeguati e la promozione efficace delle offerte.

Relazioni con i clienti: Il marketing aziendale si concentra anche sulla gestione delle relazioni con i clienti. Le aziende devono sviluppare e mantenere una comunicazione continua con i clienti, fornendo assistenza, supporto e valore aggiunto nel tempo. La creazione di clienti soddisfatti e fedeli può portare a una maggiore fidelizzazione e a un passaparola positivo.

In conclusione, l'applicazione del concetto di marketing alle aziende comporta un approccio centrato sul cliente, la segmentazione di mercato, il targeting, il posizionamento, la gestione del mix di marketing e la costruzione di relazioni durature con i clienti. Questo approccio aiuta le aziende a creare un vantaggio competitivo, a generare valore per i clienti e a raggiungere i propri obiettivi di crescita e successo aziendale.

Obiettivi del marketing aziendale: creazione di valore e soddisfazione del cliente

Gli obiettivi del marketing aziendale sono incentrati sulla creazione di valore per i clienti e sulla soddisfazione delle loro esigenze. Questi obiettivi sono fondamentali per il successo a lungo termine di un'azienda e sono strettamente legati alla crescita delle vendite, al raggiungimento di una posizione di vantaggio competitivo e al mantenimento di relazioni durature con i clienti. Ecco alcuni aspetti chiave degli obiettivi del marketing aziendale:

Creazione di valore per i clienti: Il marketing aziendale si concentra sulla creazione di prodotti o servizi che offrano valore ai clienti. Questo valore può manifestarsi attraverso caratteristiche innovative, qualità superiore, convenienza, efficienza o qualsiasi altro aspetto che soddisfi le esigenze e le aspettative dei clienti. L'obiettivo è superare le aspettative dei clienti e fornire loro un'esperienza di valore che li porti a scegliere l'azienda rispetto ai concorrenti.

Soddisfazione del cliente: La soddisfazione del cliente è un obiettivo centrale del marketing aziendale. Quando i clienti sono soddisfatti dei prodotti, dei servizi e dell'esperienza offerti dall'azienda, sono più propensi a rimanere fedeli e a raccomandare l'azienda ad altri. La soddisfazione del cliente contribuisce alla fidelizzazione e alla creazione di relazioni a lungo termine, che sono cruciali per il successo aziendale.

Acquisizione e retention dei clienti: Un obiettivo importante del marketing aziendale è acquisire nuovi clienti e mantenere quelli esistenti. L'azienda deve attirare nuovi clienti attraverso attività di marketing efficaci, ma anche assicurarsi che i clienti esistenti rimangano fedeli. Ciò richiede l'implementazione di strategie di customer relationship management (CRM) per comprendere meglio i clienti, personalizzare le offerte e fornire un servizio di qualità che soddisfi le loro esigenze in modo continuativo.

Vantaggio competitivo: Il marketing aziendale mira a creare un vantaggio competitivo che differenzi l'azienda dalla concorrenza. Questo può avvenire attraverso un'offerta di valore unica, una reputazione solida, un'esperienza del cliente eccezionale o una combinazione di fattori che rendono l'azienda preferibile rispetto ai concorrenti. L'obiettivo è posizionarsi come leader di mercato e mantenere una posizione di vantaggio che sia difficile da imitare.

Crescita delle vendite e del fatturato: Il marketing aziendale ha l'obiettivo di generare crescita delle vendite e del fatturato aziendale. Ciò può essere ottenuto attraverso l'identificazione di nuove opportunità di mercato, l'espansione in nuovi segmenti di clientela, l'aumento delle quote di mercato e l'incremento delle transazioni con i clienti esistenti. La crescita delle vendite è un indicatore di successo del marketing aziendale e contribuisce alla sostenibilità e alla prosperità dell'azienda.

In conclusione, gli obiettivi del marketing aziendale si concentrano sulla creazione di valore per i clienti e sulla soddisfazione delle loro esigenze. Questi obiettivi sono collegati alla crescita aziendale, al raggiungimento di un vantaggio competitivo e alla fidelizzazione dei clienti. L'obiettivo finale è creare relazioni durature con i clienti, generare profitti e garantire il successo a lungo termine dell'azienda.

Ruolo del marketing nella gestione aziendale

Il marketing svolge un ruolo fondamentale nella gestione aziendale, poiché influenza praticamente tutti gli aspetti dell'organizzazione. Ecco alcuni dei principali ruoli che il marketing svolge nella gestione aziendale:

Identificazione delle opportunità di mercato: Il marketing analizza costantemente il mercato e l'ambiente circostante per individuare nuove opportunità di business. Questo può riguardare l'identificazione di segmenti di mercato non sfruttati, l'individuazione di esigenze dei clienti non soddisfatte o l'individuazione di tendenze emergenti che possono influenzare l'azienda.

Sviluppo di strategie aziendali: Il marketing contribuisce allo sviluppo di strategie aziendali, inclusa la definizione degli obiettivi di marketing e la pianificazione delle azioni necessarie per raggiungerli. Ciò include la definizione della proposta di valore dell'azienda, la segmentazione di mercato, il targeting dei clienti, il posizionamento sul mercato e l'identificazione dei canali di distribuzione appropriati.

Pianificazione del marketing: Il marketing svolge un ruolo chiave nella pianificazione delle attività e delle iniziative di marketing. Ciò include la definizione del budget di marketing, l'allocazione delle risorse, la pianificazione delle campagne promozionali, la gestione delle attività di pubblicità e comunicazione, nonché la pianificazione delle strategie di pricing e distribuzione.

Analisi di mercato e dei concorrenti: Il marketing effettua ricerche di mercato per comprendere meglio i clienti, le loro esigenze, i comportamenti di acquisto e le preferenze. Inoltre, monitora costantemente i concorrenti per valutare le loro strategie, i punti di forza e le debolezze, al fine di sviluppare strategie competitive efficaci.

Gestione del marchio e dell'immagine aziendale: Il marketing gestisce il marchio e l'immagine aziendale, sviluppando una reputazione solida e coerente con i valori e gli obiettivi dell'azienda. Ciò include la creazione di un'identità di marca distintiva, la gestione delle comunicazioni di marketing, la cura della reputazione online e l'implementazione di strategie di branding.

Generazione di domanda e vendite: Il marketing è responsabile della generazione di domanda per i prodotti o servizi dell'azienda. Attraverso campagne promozionali, pubblicità, relazioni pubbliche e strategie di comunicazione, il marketing stimola l'interesse dei clienti, li informa sui vantaggi offerti e li convince ad acquistare i prodotti o servizi dell'azienda.

Customer relationship management (CRM): Il marketing gestisce la relazione con i clienti al fine di creare una base solida di clienti fedeli. Ciò include attività di customer service, programmi di fedeltà, analisi delle esigenze dei clienti, raccolta di feedback e implementazione di strategie di retention per mantenere i clienti soddisfatti e costruire relazioni durature.

Misurazione delle prestazioni e analisi dei risultati: Il marketing monitora le prestazioni delle attività di marketing, raccoglie dati e misura i risultati. Ciò consente di valutare l'efficacia delle strategie di marketing, di apportare eventuali modifiche e di migliorare continuamente le prestazioni aziendali.

In sintesi, il marketing svolge un ruolo cruciale nella gestione aziendale, contribuendo a identificare opportunità di mercato, sviluppare strategie aziendali, gestire il marchio, generare domanda e vendite, mantenere relazioni con i clienti e misurare le prestazioni. Senza una gestione efficace del marketing, le aziende possono avere difficoltà a raggiungere i propri obiettivi e a mantenere un vantaggio competitivo sul mercato.

Evoluzione del Marketing Aziendale

Il marketing aziendale ha subito un'evoluzione significativa nel corso degli anni, in risposta ai cambiamenti nell'ambiente commerciale e alle nuove tecnologie. Di seguito sono riportate alcune delle principali evoluzioni del marketing aziendale:

Marketing orientato al prodotto al marketing orientato al cliente: In passato, il marketing era spesso focalizzato sul prodotto, concentrandosi sulla produzione e sulle caratteristiche del prodotto stesso. Tuttavia, nel corso del tempo, si è sviluppato un approccio più orientato al cliente, in cui l'attenzione si concentra sulle esigenze, i desideri e i comportamenti dei clienti. Il marketing moderno si basa sulla comprensione profonda del cliente e sulla creazione di offerte di valore personalizzate per soddisfare le sue esigenze.

Digitalizzazione e marketing digitale: L'avvento delle tecnologie digitali ha rivoluzionato il modo in cui le aziende si impegnano con i clienti. Il marketing digitale comprende tutte le attività di marketing che utilizzano canali digitali come il web, i social media, l'email marketing, la pubblicità online e altre forme di comunicazione digitale. Questa evoluzione ha aperto nuove opportunità per raggiungere e coinvolgere i clienti in modo più efficace e misurabile.

Personalizzazione e marketing one-to-one: Grazie alla disponibilità di dati e alle capacità di segmentazione avanzate, il marketing si è spostato verso una maggiore personalizzazione delle offerte. L'obiettivo è creare esperienze personalizzate per i clienti, fornendo loro contenuti, prodotti o servizi rilevanti e mirati in base alle loro preferenze e al loro comportamento d'acquisto. Questo tipo di marketing one-to-one mira a creare relazioni più profonde e durature con i clienti.

Marketing esperienziale: Il marketing non si limita più alla promozione di prodotti o servizi, ma si concentra sempre di più sull'esperienza complessiva offerta ai clienti. Le aziende cercano di creare esperienze coinvolgenti e memorabili attraverso eventi, promozioni, esperienze fisiche o digitali che creino un legame emotivo con i clienti. Il marketing esperienziale si basa sull'idea che le esperienze positive generino un impatto duraturo sulle percezioni e sulle decisioni dei clienti.

Marketing basato sui dati e sull'analisi: Con l'accesso a un'enorme quantità di dati, le aziende possono raccogliere informazioni dettagliate sui clienti, le loro preferenze, i comportamenti d'acquisto e altro ancora. Il marketing basato sui dati si avvale dell'analisi dei dati per ottenere una migliore comprensione dei clienti, per identificare modelli e tendenze significative e per prendere decisioni di marketing più informate. Ciò consente alle aziende di personalizzare le offerte, migliorare l'efficacia delle campagne di marketing e misurare i risultati in modo più accurato.

Marketing sociale e responsabilità sociale d'impresa: Negli ultimi anni, c'è stata una crescente attenzione al marketing sociale e alla responsabilità sociale d'impresa. Le aziende sono sempre più coinvolte in attività di responsabilità sociale, come sostenibilità ambientale, filantropia e impegno sociale. Questo tipo di marketing mira a creare un impatto positivo sulla società e ad aumentare la fiducia e l'affinità dei consumatori verso il marchio.

Queste sono solo alcune delle principali evoluzioni del marketing aziendale. È importante sottolineare che il marketing continua a evolversi costantemente, spinto dai cambiamenti nel comportamento dei consumatori, nelle tecnologie e nelle dinamiche di mercato. Le aziende devono rimanere al passo con queste evoluzioni e adattare le loro strategie di marketing di conseguenza per avere successo.

Cambiamenti nell'ambiente di business e l'impatto sul marketing aziendale

L'ambiente di business è soggetto a continui cambiamenti, che hanno un impatto significativo sul marketing aziendale. Di seguito sono elencati alcuni dei principali cambiamenti nell'ambiente di business e il loro impatto sul marketing:

Tecnologia e digitalizzazione: L'avvento delle nuove tecnologie e la crescente digitalizzazione hanno trasformato il modo in cui le aziende operano e comunicano con i clienti. Internet, i dispositivi mobili e i social media hanno aperto nuove opportunità per il marketing digitale, consentendo alle aziende di raggiungere un pubblico più ampio, personalizzare le offerte e misurare i risultati in modo più accurato.

Globalizzazione: La globalizzazione ha reso il mercato più competitivo e ha ampliato le opportunità di espansione per le aziende. Il marketing aziendale deve tener conto di diverse culture, normative e preferenze dei consumatori in diversi paesi, adattando le strategie di marketing e le offerte di valore per affrontare con successo i mercati internazionali.

Cambiamenti demografici: I cambiamenti nella composizione demografica, come l'invecchiamento della popolazione e l'aumento della diversità etnica, hanno un impatto sulle preferenze e sul comportamento dei consumatori. Il marketing aziendale deve adattarsi a queste tendenze demografiche, personalizzando le strategie di segmentazione e di targeting per rispondere alle esigenze specifiche di gruppi di consumatori diversi.

Crescente consapevolezza dei consumatori: I consumatori sono sempre più informati, consapevoli e attenti alla sostenibilità, all'impatto sociale e all'etica aziendale. Ciò richiede alle aziende di adottare approcci di marketing responsabili, trasparenti e autentici, comunicando in modo chiaro i valori dell'azienda e dimostrando un impegno effettivo verso queste tematiche.

Evoluzione dei canali di distribuzione: I canali di distribuzione stanno cambiando rapidamente, con un aumento del commercio elettronico, delle piattaforme online e dei modelli di business basati sulla condivisione. Le aziende devono adattarsi a questi cambiamenti, sviluppando strategie di marketing omnicanale e ottimizzando la presenza online per soddisfare le aspettative dei clienti e rimanere competitive.

Nuove tendenze di consumo: Le nuove tendenze di consumo, come l'ascesa dell'economia collaborativa, l'interesse per i prodotti e servizi personalizzati, la domanda di esperienze uniche e l'attenzione alla sostenibilità, influenzano le scelte dei consumatori. Il marketing aziendale deve tener conto di queste tendenze, adattando le strategie di prodotto, prezzo, promozione e distribuzione per soddisfare le esigenze e le aspettative in evoluzione dei consumatori.

Questi cambiamenti nell'ambiente di business richiedono alle aziende di essere agili, flessibili e capaci di adattarsi rapidamente alle nuove dinamiche di mercato. Il marketing aziendale deve essere orientato al cliente, basato sui dati, innovativo e in grado di creare valore e soddisfazione per i clienti in un contesto in continua evoluzione.

Vantaggi competitivi derivati da una strategia di marketing efficace

Una strategia di marketing efficace può offrire diversi vantaggi competitivi alle aziende. Ecco alcuni dei principali vantaggi che possono derivare da una strategia di marketing ben pianificata e implementata:

Differenziazione: Una strategia di marketing efficace può aiutare un'azienda a differenziarsi dalla concorrenza. Identificando in modo accurato i punti di forza dell'azienda e le caratteristiche distintive dei suoi prodotti o servizi, il marketing può comunicare in modo convincente il valore unico offerto dall'azienda. Questo può contribuire a creare una percezione di superiorità e a conquistare una posizione di vantaggio rispetto ai concorrenti.

Fidelizzazione dei clienti: Una strategia di marketing ben strutturata può favorire la fidelizzazione dei clienti. Attraverso una comunicazione mirata, offerte personalizzate, programmi di fedeltà e un'esperienza complessiva positiva, il marketing può contribuire a creare relazioni solide e durature con i clienti. Ciò permette all'azienda di mantenere clienti fedeli nel tempo, riducendo così il rischio di perdere quote di mercato a favore dei concorrenti.

Incremento delle vendite: Una strategia di marketing efficace può portare a un aumento delle vendite. Attraverso campagne promozionali mirate, comunicazione persuasiva e strategie di pricing appropriate, il marketing può stimolare l'interesse e l'acquisto dei clienti. Ciò può tradursi in un aumento delle vendite e della quota di mercato dell'azienda.

Miglior posizionamento sul mercato: Una strategia di marketing efficace può contribuire a posizionare l'azienda in modo vantaggioso rispetto ai concorrenti sul mercato. Attraverso una ricerca di mercato approfondita e una comprensione delle esigenze e dei desideri dei clienti, il marketing può identificare segmenti di mercato inesplorati o sotto-serviti e posizionare l'azienda in modo distintivo per soddisfare tali esigenze. Ciò permette all'azienda di ottenere un vantaggio competitivo in termini di target di mercato e di differenziazione.

Miglior reputazione e brand equity: Una strategia di marketing efficace può contribuire a costruire una solida reputazione e un forte brand equity per l'azienda. Attraverso una comunicazione coerente, autentica e di qualità, il marketing può influenzare la percezione del pubblico, creando fiducia, riconoscimento del brand e un'immagine positiva. Ciò può rendere l'azienda più attraente per i clienti, i partner commerciali e i potenziali investitori.

Ottimizzazione delle risorse: Una strategia di marketing efficace consente di ottimizzare l'utilizzo delle risorse aziendali. Attraverso una pianificazione accurata, una gestione efficiente del budget di marketing e l'allocazione mirata delle risorse, il marketing può massimizzare il rendimento degli investimenti e ridurre gli sprechi. Ciò permette all'azienda di raggiungere i propri obiettivi di marketing in modo più efficiente ed efficace.

In sintesi, una strategia di marketing efficace può offrire vantaggi competitivi alle aziende, inclusa la differenziazione, la fidelizzazione dei clienti, l'incremento delle vendite, un migliore posizionamento sul mercato, una reputazione solida e l'ottimizzazione delle risorse. Tuttavia, è importante che la strategia di marketing sia adattata alle specificità dell'azienda, del mercato e dei clienti per massimizzare i risultati ottenuti.
Ruolo del marketing nel raggiungimento degli obiettivi aziendali

l marketing svolge un ruolo fondamentale nel raggiungimento degli obiettivi aziendali. Ecco alcuni dei modi in cui il marketing contribuisce al conseguimento degli obiettivi aziendali:

Identificazione delle opportunità di mercato: Il marketing analizza il mercato, identifica le esigenze e i desideri dei clienti, valuta la concorrenza e raccoglie informazioni sulle tendenze del settore. Questo aiuta l'azienda a individuare le opportunità di mercato e a definire i segmenti di clientela più promettenti su cui concentrarsi.

Sviluppo di strategie aziendali: Il marketing collabora con la direzione aziendale nella definizione delle strategie aziendali. Utilizzando l'analisi di mercato, il marketing fornisce input preziosi per la pianificazione strategica, aiutando l'azienda a stabilire gli obiettivi di mercato, a definire le strategie di posizionamento, a identificare i segmenti di mercato da targettizzare e a sviluppare offerte di valore competitive.

Generazione di domanda e vendite: Il marketing si occupa di creare consapevolezza sui prodotti o servizi dell'azienda e di generare domanda tra i potenziali clienti. Attraverso attività di comunicazione e promozione mirate, il marketing stimola l'interesse, suscita l'attenzione e incoraggia gli acquisti. Questo contribuisce all'aumento delle vendite e al conseguimento degli obiettivi di fatturato e quota di mercato.

Gestione del marchio e costruzione della reputazione: Il marketing si occupa della gestione del marchio e della costruzione della reputazione dell'azienda. Cura l'immagine aziendale, comunica i valori, la missione e la visione dell'azienda, e crea un'identità di marca riconoscibile e distintiva. Una reputazione solida e un brand forte contribuiscono alla fiducia dei clienti, alla fedeltà del marchio e al conseguimento degli obiettivi di longevità aziendale.

Relazioni con i clienti: Il marketing si occupa di gestire e coltivare le relazioni con i clienti. Attraverso strategie di customer relationship management (CRM), il marketing si impegna nell'acquisizione, soddisfazione e fidelizzazione dei clienti. Una gestione efficace delle relazioni con i clienti porta a un aumento della soddisfazione, all'aumento delle vendite ripetute e alla generazione di referenze e raccomandazioni positive.

Analisi delle prestazioni e miglioramento continuo: Il marketing monitora le prestazioni delle iniziative di marketing, misura i risultati e analizza i dati. Questa analisi aiuta a valutare l'efficacia delle strategie di marketing e a prendere decisioni informate per migliorare le prestazioni aziendali. L'ottimizzazione delle attività di marketing basata sui dati consente di massimizzare l'efficienza e l'efficacia delle risorse investite.

In sintesi, il marketing svolge un ruolo strategico nel raggiungimento degli obiettivi aziendali, identificando opportunità, sviluppando strategie, generando domanda, gestendo il marchio, coltivando le relazioni con i clienti e analizzando le prestazioni. Un marketing ben pianificato e ben eseguito può contribuire al successo a lungo termine dell'azienda.

Evoluzione del Marketing Aziendale

Il marketing aziendale ha subito un'evoluzione significativa nel corso degli anni. Di seguito sono elencati alcuni dei principali cambiamenti e sviluppi che hanno caratterizzato l'evoluzione del marketing aziendale:

Passaggio dal marketing transazionale al marketing relazionale: Nel passato, il marketing era spesso focalizzato sulla transazione singola, cioè sull'acquisizione di nuovi clienti e sulla chiusura di vendite immediate. Tuttavia, nel corso del tempo, si è verificato un cambio di paradigma verso un approccio basato sulla creazione di relazioni a lungo termine con i clienti. Il marketing relazionale si concentra sulla fidelizzazione dei clienti esistenti, sulla personalizzazione delle esperienze e sullo sviluppo di una connessione continua con il cliente.

Crescita del marketing digitale: L'avvento di Internet e delle tecnologie digitali ha rivoluzionato il marketing aziendale. Il marketing digitale comprende diverse attività, come la pubblicità online, il content marketing, il social media marketing e l'email marketing. Grazie a questi strumenti, le aziende possono raggiungere un pubblico più ampio, misurare l'efficacia delle loro campagne in modo più preciso e personalizzare le loro strategie di marketing in base alle preferenze dei clienti.

Personalizzazione e segmentazione di mercato: Con l'aumento della disponibilità dei dati e delle tecnologie di analisi, le aziende sono in grado di segmentare il mercato in modo più accurato e personalizzare le loro offerte di marketing. La personalizzazione consente alle aziende di fornire contenuti, prodotti e offerte rilevanti in base alle esigenze e alle preferenze specifiche dei singoli clienti, migliorando così l'esperienza complessiva e la soddisfazione del cliente.

Marketing esperienziale: Negli ultimi anni, si è verificato un aumento dell'importanza dell'esperienza del cliente nel marketing aziendale. Le aziende stanno cercando di creare esperienze coinvolgenti, memorabili e significative per i clienti, al fine di differenziarsi dalla concorrenza e creare un legame emotivo con il marchio. Ciò include l'utilizzo di eventi, esperienze interattive, storytelling e altre tattiche che coinvolgono attivamente i clienti.

Focus sulla sostenibilità e responsabilità sociale: Sempre più aziende stanno adottando una prospettiva di marketing sostenibile e responsabile dal punto di vista sociale. Ciò implica l'integrazione di pratiche commerciali sostenibili, l'attenzione all'impatto ambientale e sociale delle attività aziendali, e la comunicazione di valori e azioni socialmente responsabili al pubblico. Il marketing aziendale si sta muovendo verso la creazione di valore a lungo termine non solo per l'azienda, ma anche per la società nel suo insieme.

Crescita del marketing basato sui dati: L'accesso ai dati e le capacità di analisi avanzate hanno trasformato il modo in cui le aziende conducono il marketing. L'utilizzo di analisi dei dati e strumenti di intelligenza artificiale consente alle aziende di ottenere una comprensione approfondita dei clienti, di identificare modelli e tendenze, e di prendere decisioni di marketing basate su dati concreti. Questo porta a una maggiore precisione nelle strategie di marketing e a una migliore allocazione delle risorse.

In sintesi, l'evoluzione del marketing aziendale ha portato a un focus maggiore sulle relazioni con i clienti, sull'uso delle tecnologie digitali, sulla personalizzazione, sull'esperienza del cliente, sulla sostenibilità, sull'utilizzo dei dati e sull'orientamento al valore a lungo termine. Questi cambiamenti hanno influenzato profondamente la pratica del marketing e hanno fornito nuove opportunità e sfide per le aziende nel raggiungimento dei loro obiettivi di marketing.

Dal marketing tradizionale al marketing moderno

Il marketing ha subito una trasformazione significativa nel passaggio dal marketing tradizionale al marketing moderno. Ecco alcune delle differenze chiave tra i due approcci:
Approccio orientato al prodotto vs. approccio orientato al cliente: Nel marketing tradizionale, l'accento era posto principalmente sul prodotto. Le aziende si concentravano sulla produzione e sulla promozione dei loro prodotti, assumendo che i clienti li avrebbero acquistati. Nel marketing moderno, invece, si pone maggiore enfasi sulle esigenze, sui desideri e sulle preferenze dei clienti. L'approccio è orientato al cliente, mirando a comprendere e soddisfare le sue necessità attraverso prodotti, servizi e esperienze personalizzate.

Comunicazione unidirezionale vs. coinvolgimento e interazione: Nel marketing tradizionale, la comunicazione era principalmente unidirezionale, con le aziende che inviavano messaggi pubblicitari e promozionali ai consumatori. Nel marketing moderno, c'è un maggiore coinvolgimento e interazione con i clienti. Le aziende utilizzano i canali digitali e i social media per interagire con i clienti, ascoltare le loro opinioni, rispondere alle loro domande e creare una connessione più diretta.

Segmentazione di massa vs. segmentazione mirata: Nel marketing tradizionale, spesso si adottava un approccio di segmentazione di massa, in cui si cercava di raggiungere il più ampio pubblico possibile con un'unica offerta di marketing. Nel marketing moderno, invece, si utilizza una segmentazione più mirata, suddividendo il mercato in segmenti specifici e creando offerte personalizzate per ciascun segmento. Ciò consente di raggiungere i clienti con messaggi più rilevanti e di aumentare l'efficacia delle iniziative di marketing.

Misure tradizionali vs. analisi dei dati: Nel marketing tradizionale, le misure di successo spesso si basavano su metriche come il numero di unità vendute o il volume di fatturato generato. Nel marketing moderno, invece, c'è una maggiore enfasi sull'analisi dei dati. Le aziende utilizzano strumenti e tecniche di analisi per raccogliere e interpretare i dati sui clienti, le campagne di marketing e le prestazioni aziendali. Ciò consente di prendere decisioni basate su dati concreti e di ottimizzare le strategie di marketing.

Marketing offline vs. marketing online: Nel marketing tradizionale, i canali di marketing offline come la televisione, la radio, i giornali e le pubblicità cartacee erano predominanti. Nel marketing moderno, il marketing online ha guadagnato sempre più importanza. Le aziende si avvalgono di strumenti digitali come i siti web, i motori di ricerca, i social media e l'email marketing per raggiungere e coinvolgere i clienti in modo più mirato ed efficace.

In conclusione, il marketing moderno si è evoluto per adattarsi ai cambiamenti nel comportamento dei consumatori, alle tecnologie digitali e alle aspettative dei clienti. È diventato più orientato al cliente, interattivo, personalizzato e basato sull'analisi dei dati, con una maggiore presenza online.

L'influenza della tecnologia e del digitale sul marketing aziendale

La tecnologia e il digitale hanno avuto un'enorme influenza sul marketing aziendale, trasformando il modo in cui le aziende raggiungono i clienti, promuovono i loro prodotti e gestiscono le relazioni con i clienti. Ecco alcuni dei principali impatti della tecnologia e del digitale sul marketing aziendale:

Accesso a un pubblico globale: Grazie alla tecnologia e all'accesso a Internet, le aziende possono raggiungere un pubblico globale. I canali digitali come i siti web, i motori di ricerca e i social media consentono alle aziende di promuovere i loro prodotti e servizi a livello internazionale, superando le limitazioni geografiche.

Maggiori opportunità di targeting: La tecnologia ha reso possibile raccogliere e analizzare grandi quantità di dati sui consumatori. Questo consente alle aziende di segmentare il loro pubblico di riferimento in modo più preciso e di personalizzare le loro offerte di marketing in base alle preferenze e alle caratteristiche specifiche dei singoli clienti. Ciò aumenta l'efficacia delle strategie di marketing e migliora l'esperienza complessiva del cliente.

Canali di marketing digitali: I canali di marketing digitali, come i siti web, i social media, l'email marketing e la pubblicità online, offrono alle aziende una vasta gamma di opportunità per promuovere i loro prodotti e raggiungere i clienti. Questi canali consentono una comunicazione bidirezionale, dove le aziende possono interagire con i clienti, raccogliere feedback e fornire supporto in tempo reale.

Automazione del marketing: La tecnologia ha reso possibile l'automazione di molte attività di marketing. Le aziende possono utilizzare strumenti di automazione del marketing per gestire e pianificare campagne, inviare messaggi personalizzati in modo automatizzato, tracciare i risultati delle campagne e automatizzare processi come il lead nurturing e la gestione delle relazioni con i clienti. Ciò consente un maggiore livello di efficienza e precisione nelle attività di marketing.

Analisi dei dati e intelligenza artificiale: La tecnologia ha reso più accessibili e avanzate le capacità di analisi dei dati. Le aziende possono utilizzare strumenti di analisi avanzata e intelligenza artificiale per estrarre informazioni significative dai dati dei clienti e delle campagne di marketing. Ciò consente di prendere decisioni informate, identificare tendenze, migliorare l'efficacia delle strategie di marketing e prevedere i comportamenti dei clienti.

Esperienze interattive e coinvolgenti: La tecnologia ha aperto nuove possibilità per creare esperienze di marketing interattive e coinvolgenti. Le aziende possono utilizzare realtà aumentata, realtà virtuale, video interattivi, chatbot e altre tecnologie per coinvolgere i clienti in modo innovativo e offrire esperienze memorabili che favoriscono il coinvolgimento e la fiducia nel marchio.

In conclusione, la tecnologia e il digitale hanno trasformato il marketing aziendale, offrendo nuove opportunità di comunicazione, targeting, automazione, analisi e coinvolgimento dei clienti. Le aziende che sfruttano appieno queste risorse possono ottenere un vantaggio competitivo significativo nel mercato.

Tendenze attuali nel marketing aziendale: personalizzazione, esperienza del cliente e sostenibilità

Le tendenze attuali nel marketing aziendale includono la personalizzazione, l'esperienza del cliente e la sostenibilità. Queste tendenze riflettono l'evoluzione delle aspettative dei consumatori e la crescente consapevolezza delle questioni sociali e ambientali. Di seguito sono descritte in dettaglio:

Personalizzazione: I consumatori desiderano esperienze di marketing personalizzate. Le aziende stanno adottando approcci di marketing basati sui dati per comprendere meglio i loro clienti e offrire contenuti, prodotti e offerte su misura per le loro esigenze e preferenze specifiche. La personalizzazione crea un coinvolgimento più profondo e una maggiore fedeltà dei clienti.

Esperienza del cliente: L'esperienza del cliente è diventata una priorità per le aziende. Oltre a fornire prodotti e servizi di qualità, le aziende cercano di creare esperienze coinvolgenti, memorabili e positive per i clienti in ogni punto di contatto con il marchio. Questo include l'ottimizzazione dell'usabilità del sito web, l'offerta di assistenza clienti di alta qualità, la personalizzazione delle interazioni e l'attenzione ai dettagli che migliorano l'esperienza complessiva.

Sostenibilità: Le preoccupazioni ambientali e sociali stanno guidando le scelte dei consumatori. Le aziende stanno integrando pratiche di marketing sostenibile, riducendo l'impatto ambientale delle loro operazioni, adottando fornitori etici e comunicando i loro valori di sostenibilità. I consumatori sono sempre più propensi a sostenere marchi che dimostrano un impegno genuino per la sostenibilità.

Marketing influencer: L'influencer marketing sta guadagnando popolarità. Le aziende collaborano con influencer dei social media per promuovere i loro prodotti e servizi. Gli influencer hanno un seguito dedicato e un'influenza significativa sulle decisioni di acquisto dei loro follower. Questo tipo di marketing offre un approccio autentico e diretto per raggiungere il pubblico target.

Contenuto video e live streaming: Il contenuto video sta diventando sempre più importante nel marketing aziendale. I video sono altamente coinvolgenti e possono comunicare messaggi in modo efficace. Le aziende utilizzano piattaforme di live streaming per interagire direttamente con il pubblico, trasmettendo eventi in tempo reale, webinar, dimostrazioni di prodotti e altro ancora.

Intelligenza artificiale e automazione: L'intelligenza artificiale e l'automazione stanno rivoluzionando il modo in cui le aziende gestiscono le loro attività di marketing. Gli algoritmi di intelligenza artificiale possono analizzare grandi quantità di dati per identificare modelli e tendenze, ottimizzare le strategie di marketing e migliorare l'efficienza operativa. L'automazione consente di gestire campagne, comunicazioni e interazioni con i clienti in modo più efficiente e accurato.

Queste tendenze nel marketing aziendale riflettono la necessità di adattarsi ai cambiamenti nel comportamento dei consumatori, alle tecnologie emergenti e alle preoccupazioni sociali ed economiche attuali. Le aziende che abbracciano queste tendenze possono creare relazioni più forti con i clienti e ottenere un vantaggio competitivo nel mercato.

Processo di Marketing Aziendale

Il processo di marketing aziendale è un approccio strutturato che le aziende seguono per raggiungere i loro obiettivi di marketing. È composto da diverse fasi che consentono alle aziende di sviluppare strategie, implementare azioni di marketing e valutare i risultati. Di seguito sono descritte le fasi principali del processo di marketing aziendale:

Analisi di mercato e ricerca: La prima fase del processo di marketing aziendale consiste nell'analizzare il mercato di riferimento e condurre ricerche per comprendere meglio i clienti, i concorrenti e le tendenze di mercato. Questo include l'identificazione dei segmenti di mercato, l'analisi delle esigenze e dei comportamenti dei clienti, nonché l'analisi della concorrenza e delle opportunità di mercato.

Definizione degli obiettivi di marketing: In questa fase, le aziende stabiliscono gli obiettivi di marketing che desiderano raggiungere. Gli obiettivi possono riguardare l'aumento delle vendite, l'acquisizione di nuovi clienti, il miglioramento della notorietà del marchio, l'aumento della quota di mercato o altri risultati specifici che l'azienda intende ottenere.

Sviluppo della strategia di marketing: Sulla base dell'analisi di mercato e degli obiettivi di marketing, le aziende sviluppano la propria strategia di marketing. Questa strategia definisce le azioni e le iniziative che l'azienda intende intraprendere per raggiungere i propri obiettivi. Include decisioni su posizionamento del prodotto, segmentazione di mercato, mix di marketing (prodotto, prezzo, distribuzione, promozione), posizionamento del marchio e altro ancora.

Implementazione delle azioni di marketing: In questa fase, le aziende mettono in pratica la strategia di marketing attraverso l'implementazione di azioni specifiche. Ciò può includere la progettazione e la produzione di prodotti o servizi, la pianificazione e l'esecuzione di campagne pubblicitarie, l'implementazione di strategie di pricing, la distribuzione dei prodotti sul mercato, l'utilizzo di canali di marketing online e offline e altre attività di marketing.

Monitoraggio e valutazione dei risultati: Una parte fondamentale del processo di marketing aziendale è il monitoraggio e la valutazione dei risultati delle azioni di marketing. Le aziende utilizzano metriche e indicatori chiave di performance (KPI) per misurare l'efficacia delle loro iniziative di marketing. Ciò consente loro di valutare il raggiungimento degli obiettivi di marketing, identificare aree di miglioramento e apportare eventuali modifiche o adattamenti alla strategia di marketing.

Adattamento e ottimizzazione: Sulla base dei risultati ottenuti e delle valutazioni effettuate, le aziende possono adattare e ottimizzare la propria strategia di marketing. Questo processo ciclico consente alle aziende di apprendere dalle esperienze passate, apportare miglioramenti continui e adattarsi ai cambiamenti nel mercato e nelle esigenze dei clienti.

Il processo di marketing aziendale è un processo dinamico e continuo che richiede un'analisi costante, un'adattabilità e un orientamento al cliente. È fondamentale per il successo delle aziende nel raggiungimento dei propri obiettivi di marketing e nell'aumento del valore per i clienti.

Identificazione delle opportunità di mercato

L'identificazione delle opportunità di mercato è una fase cruciale nel processo di marketing aziendale. Consiste nel individuare e valutare le potenziali opportunità di crescita e di successo per un'azienda all'interno di un determinato mercato. Ecco alcuni passaggi chiave per identificare le opportunità di mercato:

Analisi del mercato: Inizia con un'analisi dettagliata del mercato di riferimento. Questo include l'analisi delle dimensioni del mercato, delle tendenze di consumo, dei segmenti di mercato e dei concorrenti. È importante comprendere il contesto in cui l'azienda opera e identificare le aree in cui potrebbe emergere un'opportunità.

Ricerca di mercato: Condurre ricerche di mercato per ottenere informazioni approfondite sulle esigenze dei clienti, i loro comportamenti di acquisto, le preferenze e le aspettative. Questo può includere sondaggi, interviste, analisi dei dati demografici e studi di caso. La ricerca di mercato fornisce una base solida per identificare le esigenze non soddisfatte e le potenziali opportunità di mercato.

Monitoraggio delle tendenze: Mantenere un'attenzione costante sulle tendenze di mercato, sia a livello generale che all'interno del settore specifico. Questo può includere l'analisi delle tendenze sociali, tecnologiche, economiche e culturali che potrebbero influenzare il mercato. Identificare le tendenze emergenti può aprire nuove opportunità per l'azienda.

Analisi della concorrenza: Analizzare la concorrenza per identificare le loro strategie, punti di forza e debolezze. Questo aiuta a individuare spazi vuoti nel mercato o aree in cui l'azienda può differenziarsi e offrire un valore unico ai clienti. L'analisi della concorrenza può anche rivelare segmenti di mercato trascurati o nuovi mercati di nicchia.

Ascolto dei clienti: Interagire con i clienti, raccogliere feedback e ascoltare attentamente le loro esigenze e richieste. I clienti sono una preziosa fonte di informazioni sulle opportunità di mercato. Le loro sfide, frustrazioni o desideri insoddisfatti possono indicare l'esistenza di opportunità che l'azienda può cogliere.

Innovazione e creatività: Pensare in modo creativo e innovativo può aiutare a individuare nuove opportunità di mercato. Questo può includere lo sviluppo di nuovi prodotti o servizi, l'esplorazione di modelli di business alternativi, la collaborazione con partner strategici o l'applicazione di tecnologie emergenti per soddisfare meglio le esigenze dei clienti.

È importante sottolineare che l'identificazione delle opportunità di mercato richiede un approccio sistematico e una continua monitoraggio e adattamento. Le opportunità possono emergere in modo rapido e imprevisto, quindi le aziende devono essere pronte a coglierle e adattarsi ai cambiamenti del mercato per rimanere competitive.

Ricerca di mercato e analisi dei dati

La ricerca di mercato e l'analisi dei dati sono processi fondamentali per comprendere meglio i clienti, identificare opportunità di mercato e prendere decisioni informate nel campo del marketing aziendale. Di seguito sono descritti i concetti chiave relativi a entrambe le attività:

Ricerca di mercato:

Definizione degli obiettivi: Prima di iniziare la ricerca di mercato, è importante stabilire gli obiettivi specifici che si desidera raggiungere. Ad esempio, potrebbe essere quello di comprendere meglio le esigenze dei clienti, valutare la soddisfazione dei clienti esistenti, identificare nuovi segmenti di mercato o valutare l'accoglienza di un nuovo prodotto o servizio.

Metodologia di ricerca: Una volta stabiliti gli obiettivi, è necessario determinare la metodologia di ricerca più appropriata. Ciò può includere ricerche qualitative (ad esempio, interviste, focus group) o ricerche quantitative (ad esempio, sondaggi, analisi dei dati demografici). La scelta della metodologia dipende dagli obiettivi di ricerca, dal budget disponibile e dal tipo di informazioni necessarie.

Raccolta dei dati: Durante la fase di raccolta dei dati, vengono utilizzati gli strumenti e le tecniche di ricerca selezionati. Questo può comportare interviste dirette con i clienti, l'amministrazione di sondaggi online o telefonici, l'osservazione dei comportamenti dei consumatori o l'analisi di dati esistenti. È importante garantire che i dati raccolti siano accurati, rappresentativi e pertinenti ai fini della ricerca.

Analisi dei dati: Una volta raccolti i dati, è necessario analizzarli per ottenere informazioni significative. Questo può coinvolgere l'elaborazione statistica dei dati, l'identificazione di tendenze o modelli, l'analisi dei segmenti di mercato o l'individuazione di correlazioni tra variabili. L'obiettivo dell'analisi dei dati è quello di ottenere una comprensione approfondita delle informazioni raccolte e di trarre conclusioni significative.

Analisi dei dati:

Organizzazione dei dati: Prima di procedere con l'analisi, è necessario organizzare i dati in modo strutturato. Questo può comportare la creazione di tabelle, grafici o diagrammi per visualizzare i dati in modo chiaro e comprensibile.

Elaborazione statistica: L'elaborazione statistica dei dati può aiutare a identificare le relazioni e i modelli significativi. Questo può includere l'utilizzo di metodi statistici come la media, la deviazione standard, la regressione o l'analisi delle varianze per ottenere misure quantitative e rilevare differenze o correlazioni significative.

Interpretazione dei risultati: Una volta analizzati i dati, è importante interpretare i risultati in modo significativo. Questo può implicare la valutazione delle implicazioni dei risultati per l'azienda, l'identificazione delle opportunità o delle sfide emerse dai dati e la formulazione di raccomandazioni basate sull'analisi.

Presentazione dei risultati: Infine, i risultati dell'analisi dei dati devono essere presentati in modo chiaro e convincente. Ciò può comportare la creazione di report, presentazioni visive o dashboard che comunicano i risultati in modo comprensibile e che supportano le decisioni di marketing.

La ricerca di mercato e l'analisi dei dati sono processi iterativi che richiedono una continua valutazione e adattamento. Le informazioni raccolte e analizzate possono guidare le decisioni strategiche dell'azienda, consentendo di soddisfare meglio le esigenze dei clienti e di rimanere competitivi nel mercato.

Segmentazione di mercato e targeting degli specifici segmenti

La segmentazione di mercato e il targeting sono concetti strettamente correlati nel campo del marketing aziendale. La segmentazione di mercato è il processo di suddivisione di un mercato più ampio in gruppi omogenei di clienti che condividono caratteristiche e bisogni simili. Questi gruppi, noti come segmenti di mercato, consentono alle aziende di comprendere meglio il proprio pubblico di riferimento e di personalizzare le proprie strategie di marketing per soddisfare al meglio le esigenze specifiche di ciascun segmento.

Ecco alcuni passaggi chiave nel processo di segmentazione di mercato:

Identificazione delle variabili di segmentazione: Le variabili di segmentazione sono i criteri utilizzati per suddividere il mercato in segmenti. Queste variabili possono essere demografiche (età, genere, reddito, istruzione), geografiche (posizione geografica, clima), psicografiche (personalità, stile di vita, valori) o comportamentali (comportamenti di acquisto, utilizzi, atteggiamenti). L'azienda deve determinare quali variabili di segmentazione sono più rilevanti per il proprio mercato.

Raccolta di dati: Una volta identificate le variabili di segmentazione, l'azienda deve raccogliere dati pertinenti per ciascuna variabile. Questi dati possono essere ottenuti attraverso ricerche di mercato, analisi dei dati demografici, sondaggi o altre fonti di informazioni sui clienti.

Segmentazione effettiva: Utilizzando i dati raccolti, l'azienda può suddividere il mercato in segmenti sulla base delle variabili di segmentazione scelte. L'obiettivo è creare segmenti omogenei all'interno dei quali i clienti hanno caratteristiche simili e necessità comuni.

Profilazione dei segmenti: Una volta che i segmenti sono stati identificati, l'azienda può creare profili dettagliati di ciascun segmento. Questi profili comprendono informazioni demografiche, comportamentali, psicografiche e geografiche sui clienti all'interno di ciascun segmento. Questo aiuta l'azienda a comprendere meglio le esigenze, i desideri e i comportamenti di acquisto dei clienti di ciascun segmento.

Dopo aver segmentato il mercato, l'azienda può quindi passare al targeting, che è la selezione specifica di uno o più segmenti di mercato su cui concentrare le proprie risorse di marketing. Il targeting coinvolge l'identificazione dei segmenti di mercato più attraenti e la creazione di strategie di marketing mirate per ciascun segmento. L'obiettivo è soddisfare le esigenze dei clienti all'interno di ogni segmento in modo efficace ed efficiente.

Alcuni fattori da considerare durante il targeting includono la dimensione e la redditività del segmento, l'accessibilità al segmento, la concorrenza presente nel segmento e la compatibilità tra le capacità dell'azienda e le esigenze del segmento.

Il targeting consente alle aziende di concentrare le proprie risorse e sforzi di marketing sui segmenti di mercato più promettenti, migliorando così l'efficacia e l'efficienza delle attività di marketing.

Sviluppo di una proposta di valore unica

Lo sviluppo di una proposta di valore unica è un elemento chiave per differenziare un'azienda dalla concorrenza e creare un vantaggio competitivo. La proposta di valore rappresenta ciò che l'azienda offre ai clienti e perché dovrebbero scegliere i suoi prodotti o servizi rispetto a quelli dei concorrenti. Ecco alcuni passaggi per sviluppare una proposta di valore unica:

Comprensione dei bisogni dei clienti: Per sviluppare una proposta di valore unica, è fondamentale comprendere appieno i bisogni, i desideri e le sfide dei clienti di riferimento. Questo richiede ricerche di mercato approfondite, analisi dei dati dei clienti, feedback diretto e un costante monitoraggio delle tendenze di mercato.

Identificazione dei punti di forza distintivi:
L'azienda deve identificare i propri punti di
forza distintivi, ciò che la rende unica e diversa
dai concorrenti. Questi possono includere
competenze specializzate, tecnologie innovative,
processi efficienti, qualità superiore, esperienza
nel settore o relazioni consolidate con i clienti.

Definizione della proposta di valore: Sulla base
dell'analisi dei bisogni dei clienti e dei punti di
forza distintivi, l'azienda può formulare la sua
proposta di valore unica. Questo dovrebbe
essere un'articolazione chiara e concisa di come i
prodotti o servizi dell'azienda rispondono ai
bisogni dei clienti in modo migliore o diverso
rispetto alla concorrenza. La proposta di valore
dovrebbe mettere in evidenza i benefici chiave, i
vantaggi competitivi e il valore distintivo che
l'azienda offre ai clienti.

Comunicazione della proposta di valore: È
essenziale comunicare efficacemente la proposta
di valore ai clienti target. Questo può avvenire
attraverso messaggi di marketing, materiale
promozionale, siti web, social media, pubblicità
e altre forme di comunicazione. La
comunicazione dovrebbe essere chiara,
convincente e in grado di catturare l'attenzione
dei clienti.

Soddisfazione delle promesse: Una proposta di valore unica non ha valore se non viene effettivamente consegnata ai clienti. È fondamentale che l'azienda sia in grado di soddisfare le promesse fatte nella sua proposta di valore, offrendo prodotti o servizi di alta qualità e un'esperienza complessiva eccezionale. La coerenza tra ciò che viene promesso e ciò che viene consegnato è essenziale per costruire la fiducia e la fedeltà dei clienti.

Monitoraggio e adattamento: Il processo di sviluppo della proposta di valore unica non è un evento isolato, ma un processo continuo. È importante monitorare costantemente l'evoluzione delle esigenze dei clienti, le dinamiche del mercato e le azioni dei concorrenti. Questo consente all'azienda di apportare eventuali aggiustamenti o miglioramenti alla propria proposta di valore al fine di rimanere rilevante e competitiva nel tempo.

Sviluppare una proposta di valore unica richiede una profonda comprensione dei clienti, una valutazione realistica delle capacità dell'azienda e un'attenzione costante all'evoluzione del mercato. Una proposta di valore ben definita può aiutare un'azienda a distinguersi, a creare legami più solidi con i clienti e a raggiungere il successo nel proprio settore.

Implementazione delle strategie di marketing

L'implementazione delle strategie di marketing è un passaggio cruciale per trasformare le idee e i piani di marketing in azioni concrete e risultati tangibili. Ecco alcuni punti chiave da considerare durante l'implementazione delle strategie di marketing:

Assegnazione delle risorse: Prima di tutto, è importante allocare le risorse necessarie per l'implementazione delle strategie di marketing. Queste risorse possono includere budget, personale, tecnologie e strumenti di marketing.

Pianificazione dettagliata: Una pianificazione dettagliata è fondamentale per garantire un'implementazione efficace delle strategie di marketing. Ciò può includere la definizione di obiettivi specifici, l'identificazione di azioni concrete da intraprendere, la creazione di un calendario di attività e la stesura di piani di azione dettagliati.

Coordinazione e collaborazione:

L'implementazione delle strategie di marketing richiede una buona coordinazione tra i diversi team e dipartimenti dell'azienda. È importante promuovere la collaborazione e la comunicazione efficace tra le varie funzioni aziendali coinvolte nel processo di marketing.

Esecuzione delle attività di marketing: Una volta pianificate le attività, è necessario metterle in pratica. Ciò può includere l'esecuzione di campagne pubblicitarie, l'implementazione di strategie di comunicazione, l'utilizzo di canali di marketing appropriati, la gestione delle relazioni con i clienti e altre iniziative di marketing.

Monitoraggio e misurazione dei risultati:

Durante l'implementazione delle strategie di marketing, è essenziale monitorare costantemente i risultati e misurare le prestazioni. Ciò può essere fatto attraverso l'analisi dei dati di marketing, la valutazione delle metriche chiave di performance, il feedback dei clienti e l'osservazione delle tendenze di mercato. Queste informazioni consentono di valutare l'efficacia delle strategie di marketing e apportare eventuali modifiche o miglioramenti necessari.

Adattamento e flessibilità: Il panorama del marketing è in continua evoluzione, quindi è importante essere flessibili e adattarsi ai cambiamenti. Se durante l'implementazione delle strategie di marketing emergono nuove opportunità o sfide, l'azienda deve essere pronta a prendere decisioni tempestive e apportare eventuali aggiustamenti alle proprie azioni di marketing.

Valutazione dei risultati e apprendimento: Alla fine dell'implementazione, è fondamentale valutare i risultati ottenuti. Questo può includere un'analisi dettagliata delle metriche di performance, il confronto con gli obiettivi stabiliti e la valutazione complessiva dell'efficacia delle strategie di marketing. Questa fase di valutazione fornisce informazioni preziose per il futuro e l'apprendimento continuo dell'azienda.

L'implementazione delle strategie di marketing richiede disciplina, coordinazione e attenzione ai dettagli. Una buona implementazione può contribuire al successo delle iniziative di marketing e al raggiungimento degli obiettivi aziendali.

Misurazione dei risultati e adattamento delle strategie

La misurazione dei risultati e l'adattamento delle strategie di marketing sono processi fondamentali per valutare l'efficacia delle attività di marketing e apportare eventuali modifiche o miglioramenti necessari. Ecco alcuni passaggi chiave da seguire:

Definizione di metriche di misurazione: È importante stabilire metriche chiave di performance (KPI) che consentano di misurare il successo delle strategie di marketing. Questi KPI possono essere specifici per ogni iniziativa di marketing, come tassi di conversione, aumento delle vendite, coinvolgimento sui social media, traffico sul sito web, tassi di churn dei clienti, etc. I KPI devono essere pertinenti, misurabili e allineati agli obiettivi di marketing e agli obiettivi aziendali.

Raccolta e analisi dei dati: Per misurare i risultati, è necessario raccogliere i dati pertinenti. Ciò può essere fatto attraverso strumenti di analisi web, sistemi CRM, monitoraggio delle campagne pubblicitarie, sondaggi di soddisfazione dei clienti e altre fonti di dati. È importante analizzare in modo approfondito i dati raccolti per ottenere una comprensione chiara delle prestazioni delle strategie di marketing.

Valutazione dei risultati: Una volta raccolti e analizzati i dati, è necessario valutare i risultati ottenuti rispetto ai KPI stabiliti. Ciò implica confrontare i dati con gli obiettivi prefissati e valutare se le strategie di marketing stanno raggiungendo i risultati desiderati. Questa valutazione dovrebbe essere oggettiva e basata sui dati raccolti.

Identificazione dei punti di forza e delle opportunità di miglioramento: Sulla base dell'analisi dei risultati, è possibile identificare i punti di forza delle strategie di marketing che hanno ottenuto buoni risultati e le opportunità di miglioramento per quelle che hanno ottenuto risultati inferiori alle aspettative. Questa analisi può aiutare a capire cosa funziona e cosa può essere ottimizzato per migliorare le performance future.

Adattamento delle strategie: Una volta identificate le aree che richiedono un miglioramento, è possibile adattare le strategie di marketing per affrontare tali sfide. Ciò può implicare modifiche alle tattiche di marketing, ai messaggi, ai canali di distribuzione, alle offerte o ad altri elementi della strategia di marketing. L'adattamento delle strategie dovrebbe essere basato sui dati e guidato dall'obiettivo di migliorare i risultati.

Monitoraggio continuo e iterativo: La misurazione dei risultati e l'adattamento delle strategie di marketing sono processi iterativi che richiedono un monitoraggio continuo. È importante tenere traccia dei cambiamenti nel mercato, delle tendenze dei clienti e dei feedback per garantire che le strategie di marketing rimangano rilevanti e in linea con le esigenze del pubblico di riferimento.

La misurazione dei risultati e l'adattamento delle strategie di marketing consentono alle aziende di ottimizzare le proprie attività di marketing, di adattarsi ai cambiamenti del mercato e di migliorare i risultati complessivi. Questi processi dovrebbero essere integrati nel ciclo di pianificazione e implementazione delle strategie di marketing per garantire un miglioramento continuo e una maggiore efficacia delle iniziative di marketing.

Ruolo delle Funzioni di Marketing all'interno di un'Organizzazione

Le funzioni di marketing svolgono un ruolo essenziale all'interno di un'organizzazione, contribuendo alla gestione e allo sviluppo delle strategie di marketing per raggiungere gli obiettivi aziendali. Di seguito sono elencati i principali ruoli e responsabilità delle funzioni di marketing:

Ricerca di mercato: La funzione di marketing si occupa della ricerca di mercato per acquisire una comprensione approfondita del mercato di riferimento, dei bisogni dei clienti, delle tendenze di mercato, della concorrenza e delle opportunità di mercato. Questa informazione è fondamentale per prendere decisioni di marketing informate e per adattare le strategie alle esigenze del mercato.

Segmentazione di mercato e targeting: La funzione di marketing identifica i diversi segmenti di mercato in base a caratteristiche demografiche, comportamentali, psicografiche o geografiche. Successivamente, seleziona i segmenti di mercato più promettenti e definisce le strategie di targeting per raggiungere efficacemente quei segmenti specifici con prodotti, messaggi e canali di marketing adatti.

Sviluppo di prodotti e servizi: La funzione di marketing collabora con il reparto di ricerca e sviluppo per identificare opportunità di prodotto/servizio, condurre analisi di fattibilità, sviluppare nuove offerte di valore e migliorare i prodotti o servizi esistenti. Questo coinvolge l'identificazione delle caratteristiche desiderate dai clienti, il posizionamento dei prodotti/servizi nel mercato e il lancio sul mercato.

Comunicazione e promozione: La funzione di marketing è responsabile della creazione e dell'esecuzione delle strategie di comunicazione e promozione per far conoscere i prodotti/servizi dell'azienda al mercato target. Ciò può includere pubblicità, relazioni pubbliche, marketing digitale, gestione dei social media, eventi, pubblicità e altre attività promozionali. L'obiettivo è creare consapevolezza del marchio, coinvolgere i clienti e generare interesse per l'offerta dell'azienda.

Gestione delle relazioni con i clienti: La funzione di marketing si occupa della gestione delle relazioni con i clienti, creando e mantenendo legami forti e duraturi. Ciò può coinvolgere l'utilizzo di strumenti CRM (Customer Relationship Management), programmi fedeltà, servizio clienti, attività di assistenza post-vendita e altre iniziative volte a soddisfare i clienti e a creare valore a lungo termine.

Misurazione delle performance e analisi: La funzione di marketing monitora e analizza costantemente le performance delle iniziative di marketing attraverso l'utilizzo di metriche e indicatori di performance. Ciò consente di valutare l'efficacia delle strategie di marketing, identificare le aree di miglioramento, prendere decisioni informate e dimostrare il valore delle attività di marketing all'interno dell'organizzazione.

Collaborazione interfunzionale: La funzione di marketing collabora con altre funzioni aziendali, come vendite, ricerca e sviluppo, finanza e operazioni, per garantire un allineamento strategico e l'integrazione delle attività aziendali. Questa collaborazione è cruciale per il successo complessivo dell'azienda e per garantire che le strategie di marketing siano coerenti con gli obiettivi aziendali.

In sintesi, le funzioni di marketing svolgono un ruolo chiave nel definire le strategie di marketing, identificare le opportunità di mercato, creare consapevolezza del marchio, coinvolgere i clienti, sviluppare e posizionare i prodotti/servizi, gestire le relazioni con i clienti e misurare i risultati. L'obiettivo è quello di creare valore per l'azienda, acquisire e mantenere clienti soddisfatti e raggiungere gli obiettivi di business stabiliti.

Marketing e reparto vendite: sinergie e collaborazione

Il marketing e il reparto vendite sono due funzioni complementari all'interno di un'organizzazione e la sinergia e la collaborazione tra di loro sono fondamentali per raggiungere il successo aziendale. Ecco alcuni punti chiave che evidenziano l'importanza di una stretta collaborazione tra marketing e vendite:

Allineamento degli obiettivi: Marketing e vendite devono lavorare insieme per stabilire obiettivi comuni e allinearli agli obiettivi aziendali. Questo significa che entrambe le funzioni devono capire e supportare la strategia complessiva dell'azienda e lavorare verso gli stessi risultati.

Scambio di informazioni: Il marketing può fornire al reparto vendite informazioni cruciali sul mercato, sui clienti, sulle tendenze di acquisto e sulle strategie di marketing in corso. Queste informazioni aiutano i venditori a comprendere meglio il pubblico di riferimento, ad affrontare le esigenze dei clienti e ad adattare le loro tattiche di vendita di conseguenza. Allo stesso tempo, il reparto vendite può fornire al marketing feedback diretto dai clienti, informazioni sui competitor e suggerimenti sulle esigenze e le preferenze dei clienti emersi dai colloqui di vendita.

Definizione del profilo del cliente ideale: Il marketing e il reparto vendite devono collaborare per definire il profilo del cliente ideale (buyer persona). Attraverso la condivisione di informazioni e l'analisi dei dati, possono identificare le caratteristiche demografiche, i comportamenti, i bisogni e le preferenze dei clienti target. Questo profilo aiuta sia il marketing che il reparto vendite a concentrare i loro sforzi sulle persone giuste, migliorando l'efficacia delle iniziative di marketing e delle attività di vendita.

Sviluppo di messaggi coerenti: La collaborazione tra marketing e vendite è essenziale per sviluppare messaggi di marketing e di vendita coerenti. Il marketing può creare materiali di marketing, contenuti e strategie di comunicazione che supportano i messaggi di vendita, fornendo ai venditori strumenti efficaci per promuovere i prodotti/servizi dell'azienda. D'altra parte, il reparto vendite può condividere informazioni sulle conversazioni con i clienti e suggerire miglioramenti ai messaggi e ai materiali di marketing.

Lead generation e lead nurturing: Il marketing è spesso responsabile della generazione di lead, ovvero di individuare e qualificare i potenziali clienti. Tuttavia, il reparto vendite è coinvolto nel processo di conversione di questi lead in clienti effettivi. Una stretta collaborazione tra marketing e vendite è cruciale per garantire che i lead siano adeguatamente seguiti, che le informazioni raccolte siano utilizzate per personalizzare l'approccio di vendita e che si creino opportunità di vendita di successo.

Feedback e miglioramento continuo: Il reparto vendite può fornire un feedback prezioso al marketing sull'efficacia delle strategie di marketing, dei materiali e dei processi di generazione di lead. Questo feedback aiuta il marketing a valutare l'efficacia delle sue iniziative e a migliorarle di conseguenza. Allo stesso tempo, il marketing può fornire al reparto vendite dati analitici e informazioni aggiornate sulle tendenze di mercato e sui comportamenti dei clienti, aiutando i venditori a rimanere aggiornati e ad adattare le loro tattiche di vendita.

In conclusione, la collaborazione tra marketing e vendite è fondamentale per il successo aziendale. L'integrazione delle strategie di marketing con le attività di vendita crea sinergie che consentono all'azienda di generare lead qualificati, convertirli in clienti soddisfatti e raggiungere gli obiettivi di crescita e profitto.

Marketing e reparto comunicazione: integrazione delle attività

Il marketing e il reparto comunicazione sono due funzioni complementari che lavorano insieme per promuovere l'immagine e il messaggio dell'azienda. L'integrazione delle attività di marketing e comunicazione è fondamentale per garantire coerenza e coesione nelle comunicazioni aziendali. Di seguito sono elencati alcuni modi in cui marketing e reparto comunicazione possono integrare le proprie attività:

Costruzione dell'identità e del posizionamento del marchio: Il marketing e il reparto comunicazione devono collaborare per definire l'identità e il posizionamento del marchio dell'azienda. Questo implica la definizione dei valori, della missione, della personalità e dei punti di forza del marchio. Entrambe le funzioni devono lavorare insieme per comunicare in modo coerente e persuasivo il valore e la promessa del marchio ai suoi pubblici di riferimento.

Sviluppo di strategie di comunicazione integrate: Marketing e reparto comunicazione devono lavorare insieme per sviluppare strategie di comunicazione integrate che coinvolgano diversi canali e mezzi di comunicazione. Ciò può includere pubblicità, relazioni pubbliche, marketing digitale, gestione dei social media, eventi, sponsorizzazioni e altre forme di comunicazione. L'obiettivo è creare una presenza di marca coesa e coerente che raggiunga efficacemente il pubblico target.

Creazione di contenuti rilevanti: Marketing e reparto comunicazione possono collaborare nella creazione di contenuti rilevanti per il pubblico target. Il marketing può fornire indicazioni sulle esigenze e i desideri dei clienti, mentre il reparto comunicazione può utilizzare queste informazioni per creare messaggi e contenuti che risuonino con il pubblico. Insieme, possono sviluppare strategie di contenuto che supportino gli obiettivi di marketing e comunicazione dell'azienda.

Gestione delle relazioni con i media: Il reparto comunicazione spesso gestisce le relazioni con i media, ma il marketing può fornire informazioni e suggerimenti sui messaggi e sulle strategie di promozione aziendale. Una stretta collaborazione tra le due funzioni è essenziale per garantire che i messaggi trasmessi ai media siano coerenti con la strategia di marketing e supportino gli obiettivi aziendali.

Monitoraggio e valutazione delle attività di comunicazione: Marketing e reparto comunicazione devono lavorare insieme per monitorare e valutare l'efficacia delle attività di comunicazione. Questo può includere l'analisi delle metriche di engagement sui canali social, il monitoraggio della copertura mediatica, l'analisi dei risultati delle campagne pubblicitarie e altro ancora. La collaborazione è importante per capire cosa funziona e cosa può essere migliorato nelle attività di comunicazione dell'azienda.

Coerenza del messaggio: Marketing e reparto comunicazione devono lavorare in sinergia per garantire la coerenza del messaggio aziendale in tutte le attività di comunicazione. Ciò significa che il posizionamento del marchio, i valori e il tono della comunicazione devono essere allineati in tutti i canali e i mezzi di comunicazione utilizzati dall'azienda.

In sintesi, l'integrazione delle attività di marketing e comunicazione è fondamentale per garantire coerenza, coesione e efficacia nelle comunicazioni aziendali. Collaborando insieme, marketing e reparto comunicazione possono sviluppare strategie e messaggi efficaci che promuovono l'immagine e il valore dell'azienda.

Marketing e reparto operativo: soddisfazione delle esigenze del cliente

Il marketing e il reparto operativo sono due funzioni aziendali complementari che lavorano insieme per soddisfare le esigenze del cliente. L'integrazione delle attività di marketing con quelle operative è essenziale per fornire prodotti o servizi di qualità che rispondano alle aspettative dei clienti. Di seguito sono elencati alcuni modi in cui marketing e reparto operativo possono collaborare per soddisfare le esigenze del cliente:

Comunicazione delle esigenze del cliente: Il marketing può raccogliere informazioni sulle esigenze e i desideri dei clienti attraverso ricerche di mercato, sondaggi, analisi dei dati e feedback dei clienti. Queste informazioni possono essere condivise con il reparto operativo per consentire loro di comprendere meglio le aspettative del cliente e di adattare i processi operativi di conseguenza.

Sviluppo di prodotti o servizi orientati al cliente: Il marketing può fornire al reparto operativo input preziosi per lo sviluppo di nuovi prodotti o servizi. Attraverso l'analisi del mercato e la comprensione delle esigenze dei clienti, il marketing può identificare opportunità di sviluppo di nuovi prodotti o miglioramenti ai prodotti esistenti. Il reparto operativo può quindi utilizzare queste informazioni per guidare il processo di sviluppo, assicurandosi che i prodotti o servizi soddisfino le esigenze del cliente.

Coordinamento della supply chain: Il marketing e il reparto operativo devono lavorare insieme per garantire una gestione efficace della supply chain. Il marketing può comunicare previsioni di domanda e informazioni sui trend di mercato al reparto operativo, che a sua volta può pianificare la produzione, gestire gli approvvigionamenti e coordinare le attività logistiche per soddisfare le esigenze dei clienti in modo tempestivo ed efficiente.

Controllo della qualità: Il marketing e il reparto operativo devono collaborare per garantire la qualità dei prodotti o servizi offerti. Il marketing può fornire informazioni sulle aspettative di qualità dei clienti, mentre il reparto operativo può implementare procedure di controllo della qualità per garantire che i prodotti o servizi soddisfino gli standard richiesti. Il feedback dei clienti può essere condiviso tra le due funzioni per migliorare continuamente la qualità.

Gestione delle relazioni con i clienti: Il marketing e il reparto operativo possono collaborare nella gestione delle relazioni con i clienti. Il marketing può fornire al reparto operativo informazioni sulle preferenze e le esperienze dei clienti, che possono essere utilizzate per personalizzare l'offerta di prodotti o servizi e migliorare l'esperienza complessiva del cliente. Il reparto operativo, d'altra parte, può fornire feedback sui clienti, come eventuali problemi o richieste specifiche, che il marketing può utilizzare per adeguare le strategie di comunicazione e promozione.

In sintesi, la collaborazione tra marketing e reparto operativo è cruciale per soddisfare le esigenze del cliente. Attraverso una comunicazione aperta e una sinergia tra le due funzioni, è possibile offrire prodotti o servizi di qualità che rispondano alle aspettative dei clienti e contribuiscano alla loro soddisfazione.

Marketing e reparto finanziario: analisi dei costi e dei profitti

Il marketing e il reparto finanziario sono due funzioni aziendali che devono collaborare per garantire un'analisi adeguata dei costi e dei profitti delle attività di marketing. L'integrazione delle attività di marketing con l'analisi finanziaria consente all'azienda di valutare l'efficacia delle iniziative di marketing e di prendere decisioni informate per massimizzare i profitti. Di seguito sono elencati alcuni modi in cui marketing e reparto finanziario possono lavorare insieme:

Budget di marketing: Il reparto finanziario collabora con il marketing per stabilire il budget di marketing dell'azienda. Questo implica l'analisi delle risorse finanziarie disponibili, la valutazione dei costi previsti per le diverse iniziative di marketing e l'allocazione di fondi in base alle priorità strategiche dell'azienda. Il reparto finanziario può fornire una prospettiva finanziaria e garantire che il budget di marketing sia allineato con gli obiettivi aziendali e le disponibilità finanziarie.

Analisi dei costi: Il reparto finanziario può supportare il marketing nell'analisi dei costi delle attività di marketing. Ciò include l'identificazione e la valutazione dei costi diretti e indiretti associati alle campagne di marketing, alle promozioni, alle strategie di comunicazione e ad altre iniziative di marketing. Questa analisi aiuta a valutare l'efficacia dei costi e a identificare potenziali aree di ottimizzazione e risparmio.

Analisi dei profitti: Il reparto finanziario è responsabile dell'analisi dei profitti e del rendimento delle iniziative di marketing. Attraverso l'uso di strumenti finanziari e metriche di performance, il reparto finanziario può valutare il ritorno sull'investimento (ROI) delle attività di marketing e determinare l'impatto finanziario generato da queste iniziative. Questa analisi aiuta a identificare le iniziative di marketing più redditizie e a prendere decisioni basate sui dati per ottimizzare l'allocatione delle risorse.

Valutazione del valore del cliente: Il marketing e il reparto finanziario possono lavorare insieme per valutare il valore del cliente (customer lifetime value) generato dalle attività di marketing. Il marketing fornisce informazioni sulle vendite, le acquisizioni di nuovi clienti, il valore medio delle transazioni e la frequenza degli acquisti, mentre il reparto finanziario può utilizzare questi dati per calcolare il valore a lungo termine generato da ciascun cliente. Questa valutazione aiuta a prendere decisioni di marketing mirate per massimizzare il valore dei clienti esistenti e acquisire nuovi clienti con un alto potenziale di redditività.

Monitoraggio delle performance finanziarie del marketing: Il reparto finanziario può monitorare le performance finanziarie delle iniziative di marketing e fornire feedback al team di marketing. Questo può includere l'analisi dei risultati finanziari delle campagne pubblicitarie, l'efficacia dei budget di marketing e il confronto tra i costi e i profitti delle diverse attività di marketing. Questo feedback aiuta il team di marketing a valutare l'efficacia delle strategie e ad apportare eventuali adeguamenti per massimizzare i risultati finanziari.

In sintesi, la collaborazione tra marketing e reparto finanziario è fondamentale per l'analisi dei costi e dei profitti delle attività di marketing. Attraverso una comunicazione aperta e una condivisione delle informazioni, marketing e reparto finanziario possono valutare l'efficacia finanziaria delle iniziative di marketing e prendere decisioni basate sui dati per massimizzare i profitti aziendali.

Sfide del Marketing Aziendale

Il marketing aziendale affronta diverse sfide che possono influenzare il successo delle strategie e delle attività di marketing. Alcune delle principali sfide includono:

Evoluzione del comportamento dei consumatori: I consumatori stanno diventando sempre più esigenti e informati grazie all'accesso a una vasta gamma di informazioni e opzioni di acquisto. Questo comporta la necessità per le aziende di comprendere e adattarsi ai cambiamenti nelle preferenze, nei bisogni e nelle aspettative dei consumatori. Inoltre, i canali di comunicazione digitali hanno aperto nuove possibilità per l'interazione e l'acquisizione di informazioni, rendendo necessaria una presenza online efficace per le aziende.

Concorrenza globale: Con l'accelerazione della globalizzazione, le aziende si trovano a competere non solo con i concorrenti locali, ma anche con quelli internazionali. Questo richiede una maggiore attenzione alla differenziazione, all'innovazione e alla creazione di valore unico per i clienti. Inoltre, le aziende devono considerare le sfide legate alla gestione delle operazioni e alla distribuzione a livello globale.

Rapida evoluzione della tecnologia: La tecnologia sta evolvendo rapidamente e sta trasformando il modo in cui le aziende interagiscono con i clienti, promuovono i propri prodotti e servizi e gestiscono le operazioni di marketing. L'adozione di tecnologie emergenti come l'intelligenza artificiale, l'automazione del marketing, l'analisi dei dati e il marketing basato sulla personalizzazione richiede una continua formazione e adattamento da parte dei professionisti del marketing.

Sovraccarico di informazioni e distrazione: I consumatori sono esposti a un'enorme quantità di informazioni e messaggi di marketing ogni giorno, il che può portare a un sovraccarico di informazioni e una diminuzione dell'attenzione e dell'interesse. Le aziende devono essere in grado di catturare l'attenzione e coinvolgere i consumatori in modo significativo per differenziarsi dalla concorrenza.

Gestione efficace dei dati: L'era digitale ha generato una vasta quantità di dati disponibili per le aziende. Tuttavia, la sfida sta nell'estrarre informazioni significative da questi dati e utilizzarle per prendere decisioni di marketing strategiche. La gestione dei dati, l'analisi dei dati e la privacy dei dati sono tutti fattori critici da considerare per ottenere insight utili e prendere decisioni informate.

Sostenibilità e responsabilità sociale: I consumatori sono sempre più attenti alla sostenibilità e alla responsabilità sociale delle aziende. Le aziende devono integrare queste considerazioni nella loro strategia di marketing e dimostrare un impegno autentico verso la sostenibilità ambientale, sociale ed economica.

Affrontare queste sfide richiede un'attenta pianificazione, una continua adattabilità e una mentalità orientata al cliente. Le aziende devono essere disposte a innovare, adottare nuove tecnologie, comprendere i cambiamenti del mercato e costruire relazioni autentiche con i clienti per avere successo nel marketing aziendale.

Evoluzione delle preferenze dei consumatori e dei comportamenti d'acquisto

Le preferenze dei consumatori e i comportamenti d'acquisto stanno subendo un'evoluzione significativa a causa di vari fattori sociali, tecnologici ed economici. Alcune delle principali tendenze che influenzano l'evoluzione delle preferenze dei consumatori e dei loro comportamenti d'acquisto includono:

Digitalizzazione: L'avvento della tecnologia digitale ha trasformato il modo in cui i consumatori cercano informazioni sui prodotti, fanno acquisti e interagiscono con le aziende. I consumatori utilizzano sempre più internet e i dispositivi mobili per cercare prodotti, confrontare prezzi e recensioni, e fare acquisti online. La digitalizzazione ha aperto nuove opportunità per il marketing online, l'e-commerce e l'esperienza del cliente digitale.

Personalizzazione: I consumatori stanno diventando sempre più esigenti e cercano esperienze personalizzate. Vogliono prodotti e servizi che siano adattati alle loro esigenze individuali. L'uso di dati e tecnologie avanzate consente alle aziende di offrire offerte personalizzate, raccomandazioni e servizi su misura, migliorando così l'esperienza complessiva del cliente.

Sostenibilità: La crescente consapevolezza ambientale e sociale ha portato i consumatori a prestare maggiore attenzione alla sostenibilità dei prodotti e delle pratiche delle aziende. I consumatori cercano sempre più prodotti ecologici, responsabilmente prodotti e che rispettino determinati standard di sostenibilità. Le aziende che dimostrano un impegno per la sostenibilità possono acquisire una posizione competitiva vantaggiosa.

Esperienza del cliente: I consumatori attribuiscono sempre più importanza all'esperienza complessiva che vivono durante l'interazione con un'azienda o un marchio. Non si tratta solo del prodotto o del servizio in sé, ma di come viene consegnato e dell'interazione con l'azienda in tutti i punti di contatto. Le aziende devono concentrarsi sulla creazione di esperienze positive, coinvolgenti e memorabili per i clienti al fine di costruire relazioni di lungo termine.

Social media e influencer: I social media hanno avuto un impatto significativo sulle preferenze dei consumatori e sul processo decisionale d'acquisto. I consumatori si affidano sempre più alle opinioni e alle raccomandazioni degli influencer e dei loro coetanei sui social media per prendere decisioni d'acquisto. Le aziende stanno sfruttando l'influenza dei social media e dei micro-influencer per promuovere i loro prodotti e raggiungere nuovi segmenti di clientela.

Convenienza e immediata gratificazione: I consumatori cercano sempre più la comodità e la gratificazione immediata nelle loro esperienze d'acquisto. Ciò ha portato a un aumento delle consegne veloci, dei servizi di abbonamento e dell'accesso a prodotti e servizi on-demand. Le aziende devono adattarsi a queste aspettative fornendo soluzioni convenienti e accessibili ai clienti.

L'evoluzione delle preferenze dei consumatori e dei comportamenti d'acquisto richiede alle aziende di essere flessibili, innovative e pronte ad adattarsi ai cambiamenti del mercato. È essenziale che le aziende comprendano i bisogni e le aspettative dei consumatori e si adattino di conseguenza per offrire prodotti, servizi e esperienze che soddisfino tali preferenze in continua evoluzione.

Competizione globale e mercati saturi

La competizione globale e i mercati saturi rappresentano sfide significative per le aziende nel contesto del marketing aziendale. Vediamo in dettaglio entrambi i concetti:

Competizione globale: La globalizzazione ha aperto nuove opportunità commerciali, consentendo alle aziende di espandersi oltre i confini nazionali e di raggiungere clienti in tutto il mondo. Tuttavia, questa stessa globalizzazione ha portato a un aumento della concorrenza. Le aziende devono ora competere non solo con i concorrenti locali, ma anche con i giocatori internazionali. Ciò significa che le aziende devono adottare strategie di differenziazione, innovazione e valore unico per distinguersi dalla concorrenza globale. Devono anche considerare le sfide legate alla gestione delle operazioni a livello internazionale, alla logistica, alla conformità normativa e alle differenze culturali.

Mercati saturi: In molti settori e mercati, l'offerta di prodotti e servizi può superare la domanda esistente, creando mercati saturi. Questo può rendere difficile per le aziende acquisire nuovi clienti e guadagnare quote di mercato significative. In mercati saturi, le aziende devono adottare strategie creative per differenziarsi e creare un vantaggio competitivo. Questo può includere l'innovazione dei prodotti, la personalizzazione delle offerte, l'esperienza del cliente e la fidelizzazione dei clienti esistenti. Le aziende possono anche considerare l'espansione verso nuovi segmenti di mercato o la diversificazione delle loro offerte per trovare nuove opportunità di crescita.

Per affrontare queste sfide, le aziende devono adottare un'approccio strategico e focalizzato. Alcune strategie che possono essere utilizzate includono:

Differenziazione: Le aziende devono identificare elementi unici e distintivi nella loro offerta e comunicarli in modo efficace ai clienti. La differenziazione può avvenire attraverso il design del prodotto, la qualità, il servizio clienti, l'innovazione, la sostenibilità o altri fattori che possono creare un valore aggiunto per i clienti.

Segmentazione di mercato: Le aziende possono concentrarsi su segmenti di mercato specifici e adattare le loro strategie di marketing per soddisfare le esigenze e le preferenze di questi segmenti. Questo può consentire alle aziende di concentrare le loro risorse e messaggi di marketing su gruppi di clienti più ristretti e di creare offerte personalizzate che risuonino con questi segmenti di mercato.

Espansione internazionale: Per affrontare la competizione globale, le aziende possono considerare l'espansione internazionale. Questo può implicare l'ingresso in nuovi mercati esteri, l'adattamento delle strategie di marketing alle culture locali e l'acquisizione di una presenza globale per raggiungere una base più ampia di clienti.

Innovazione continua: L'innovazione è essenziale per rimanere competitivi in mercati saturi. Le aziende devono investire nella ricerca e sviluppo di nuovi prodotti, servizi e soluzioni che soddisfino le esigenze emergenti dei clienti o risolvano i loro problemi in modo migliore rispetto alla concorrenza. L'innovazione può aiutare le aziende a distinguersi e ad attirare l'attenzione dei consumatori.

Marketing esperienziale: Creare un'esperienza coinvolgente e memorabile per i clienti può aiutare a differenziarsi dalla concorrenza. Le aziende possono creare esperienze emozionanti attraverso eventi speciali, promozioni interattive, coinvolgimento sui social media o programmi di fedeltà. L'obiettivo è creare un legame emozionale con i clienti e fidelizzarli nel tempo.

In sintesi, la competizione globale e i mercati saturi richiedono alle aziende di adottare strategie mirate per differenziarsi, trovare nuove opportunità di crescita e mantenere la rilevanza nel mercato.

Rapida evoluzione delle tecnologie e delle piattaforme digitali

La rapida evoluzione delle tecnologie e delle piattaforme digitali rappresenta una sfida e un'opportunità per le aziende nel campo del marketing aziendale. Ecco alcuni punti chiave da considerare:

Adattarsi ai cambiamenti: Le tecnologie e le piattaforme digitali si evolvono rapidamente, creando nuove opportunità di coinvolgimento dei clienti e di promozione dei prodotti. Le aziende devono essere in grado di adattarsi a queste innovazioni e sfruttarle per raggiungere il loro pubblico di riferimento. Ciò richiede una mentalità aperta al cambiamento e una volontà di investire nelle risorse e nelle competenze necessarie per utilizzare al meglio le nuove tecnologie.

Utilizzare canali digitali appropriati: Con la proliferazione di piattaforme digitali, social media e canali di comunicazione, è essenziale per le aziende identificare i canali più appropriati per raggiungere il proprio pubblico di riferimento. Questo richiede una comprensione approfondita del proprio mercato di riferimento e dei comportamenti degli utenti digitali. Le aziende devono selezionare i canali giusti e sviluppare strategie di marketing specifiche per massimizzare l'impatto delle loro attività digitali.

Personalizzazione e coinvolgimento: Le tecnologie digitali offrono l'opportunità di creare esperienze personalizzate e coinvolgenti per i clienti. L'uso di dati e analisi avanzate consente alle aziende di comprendere meglio le esigenze e le preferenze dei clienti, offrendo quindi offerte e messaggi mirati. Le aziende possono utilizzare la personalizzazione per creare un rapporto più stretto con i clienti, migliorando la fedeltà e la soddisfazione del cliente.

Automazione e marketing digitale: L'automazione del marketing è diventata una pratica comune per le aziende, consentendo loro di automatizzare processi di marketing ripetitivi, come l'invio di e-mail di follow-up, la gestione delle campagne pubblicitarie online e la tracciatura dei risultati. L'automazione del marketing consente alle aziende di migliorare l'efficienza operativa, di ridurre gli errori umani e di fornire una migliore esperienza complessiva al cliente.

Analisi dei dati e intelligenza artificiale: La quantità di dati generati dalle interazioni digitali è in continua crescita. Le aziende devono essere in grado di raccogliere, analizzare e trarre informazioni significative da questi dati per prendere decisioni informate di marketing. L'intelligenza artificiale (AI) può aiutare a elaborare i dati e a fornire previsioni e raccomandazioni per migliorare le strategie di marketing.

Coinvolgimento del cliente sui social media: I social media sono diventati un importante canale di comunicazione e coinvolgimento dei clienti. Le aziende devono essere attive sui social media, interagire con i clienti, rispondere alle loro domande e commenti, e creare contenuti interessanti e condivisibili per aumentare la visibilità del marchio e la fedeltà dei clienti.

In conclusione, la rapida evoluzione delle tecnologie e delle piattaforme digitali richiede alle aziende di adattarsi costantemente e di sfruttare le opportunità che queste offrono per raggiungere i propri obiettivi di marketing. La capacità di utilizzare le nuove tecnologie in modo strategico e mirato può fare la differenza nella competitività del mercato.

Gestione efficace delle risorse e del budget di marketing

La gestione efficace delle risorse e del budget di marketing è fondamentale per il successo di un'azienda. Ecco alcuni punti chiave da considerare:

Pianificazione strategica: La pianificazione strategica del marketing aiuta a stabilire gli obiettivi e le priorità dell'azienda e a definire le strategie di marketing per raggiungerli. Questo processo consente di identificare le risorse necessarie e di allocare il budget di conseguenza.

Analisi dei costi e dei benefici: È importante valutare attentamente i costi e i benefici associati alle attività di marketing. Questo implica l'analisi dei costi delle diverse iniziative di marketing e la valutazione del loro impatto previsto sulle vendite, la visibilità del marchio o altri indicatori chiave di performance. L'obiettivo è investire le risorse iniziative di marketing che offrono un ritorno sull'investimento (ROI) ottimale.

Misurazione dei risultati: La misurazione dei risultati delle attività di marketing è essenziale per valutare l'efficacia delle iniziative e apportare eventuali correzioni di rotta. Questo può essere fatto attraverso l'utilizzo di metriche chiave di performance (KPI) come le vendite, il traffico del sito web, l'engagement sui social media o il tasso di conversione. Misurare i risultati consente di identificare cosa sta funzionando e cosa deve essere modificato per ottimizzare l'uso delle risorse.

Ottimizzazione delle risorse: Una gestione efficace delle risorse richiede un'ottimizzazione costante. Questo significa trovare il giusto equilibrio tra i diversi canali di marketing, le attività di pubblicità, le risorse umane e il budget. L'obiettivo è massimizzare l'efficienza e l'efficacia delle risorse disponibili, evitando sprechi e concentrandosi sulle iniziative che offrono i migliori risultati.

Esplorare opportunità di marketing a basso costo: Non tutte le iniziative di marketing richiedono un budget significativo. Esistono molte opportunità di marketing a basso costo, come il content marketing, l'ottimizzazione del motore di ricerca (SEO), l'email marketing o il marketing sui social media. Esplorare queste opzioni può consentire di raggiungere un pubblico più ampio senza dover necessariamente investire grandi somme di denaro.

Collaborazione con partner esterni: Collaborare con partner esterni, come agenzie di marketing o consulenti, può essere vantaggioso per ottimizzare l'utilizzo delle risorse di marketing. Questi professionisti possono apportare competenze specializzate e conoscenze approfondite del settore per aiutare a sviluppare e implementare strategie di marketing più efficaci.

In conclusione, la gestione efficace delle risorse e del budget di marketing richiede una pianificazione strategica, una valutazione accurata dei costi e dei benefici, una misurazione costante dei risultati e un'ottimizzazione continua delle risorse. Una gestione oculata delle risorse di marketing può consentire all'azienda di ottenere il massimo valore dai suoi investimenti e raggiungere i suoi obiettivi di marketing in modo efficiente.

CAPITOLO 2

Analisi del Mercato

L'analisi di mercato è una parte fondamentale del processo di marketing aziendale. Consiste nella raccolta e nell'analisi di informazioni relative al mercato di riferimento, ai concorrenti e ai clienti al fine di prendere decisioni informate sulla strategia di marketing. Ecco i passaggi principali per condurre un'analisi di mercato efficace:

Definizione del mercato di riferimento: Identificare il mercato di riferimento dell'azienda, cioè il gruppo di clienti a cui si intende rivolgere i propri prodotti o servizi. Questo può includere vari segmenti di mercato in base a fattori demografici, geografici, psicografici o comportamentali.

Raccolta di dati primari e secondari: I dati primari sono informazioni raccolte specificamente per l'analisi di mercato, come sondaggi, interviste o gruppi di discussione. I dati secondari, invece, sono informazioni già esistenti, come report di settore, studi di mercato o statistiche governative. La raccolta di entrambi i tipi di dati fornisce una visione completa del mercato.

Analisi dei concorrenti: Studiare i concorrenti è essenziale per comprendere il contesto competitivo. Identificare i principali concorrenti, analizzare le loro strategie di marketing, il posizionamento del marchio, i punti di forza e di debolezza. Questo aiuta a identificare opportunità e sfide nel mercato.

Analisi dei clienti: Comprendere i bisogni, i comportamenti e le preferenze dei clienti è fondamentale per sviluppare una strategia di marketing mirata. Utilizzare metodi come sondaggi, interviste o analisi dei dati per raccogliere informazioni sulle esigenze dei clienti, i loro motivatori di acquisto e le loro abitudini di consumo.

Analisi delle tendenze di mercato: Monitorare le tendenze di mercato, come cambiamenti demografici, tecnologici, sociali o economici, è importante per anticipare le esigenze future dei clienti e adattare la strategia di marketing di conseguenza. Mantenere un occhio attento sulle nuove tecnologie, le innovazioni del settore e le dinamiche del mercato può fornire vantaggi competitivi.

Valutazione delle opportunità e delle minacce:
Sulla base dell'analisi di mercato, identificare le
opportunità di crescita e gli eventuali ostacoli o
minacce che potrebbero influenzare l'azienda.
Questo aiuta a formulare una strategia di
marketing adatta per sfruttare al meglio le
opportunità e mitigare i rischi.

**Sintesi dei risultati e formulazione della
strategia di marketing:** Riassumere i risultati
dell'analisi di mercato e utilizzarli per sviluppare
una strategia di marketing coerente. Questa
strategia dovrebbe includere segmentazione di
mercato, posizionamento del marchio, mix di
marketing (prodotto, prezzo, distribuzione,
promozione) e piani di azione specifici.

L'analisi di mercato è un processo continuo e
dinamico, poiché il mercato e i clienti possono
cambiare nel tempo. Pertanto, è importante
aggiornare regolarmente l'analisi di mercato per
rimanere al passo con le tendenze e adattare la
strategia di marketing di conseguenza.

Ricerca di Mercato: Strumenti e Metodologie

La ricerca di mercato è un processo essenziale per raccogliere informazioni e dati utili per prendere decisioni strategiche nel campo del marketing aziendale. Ci sono diversi strumenti e metodologie che possono essere utilizzati per condurre una ricerca di mercato efficace. Ecco alcuni dei principali:

Sondaggi: I sondaggi sono un metodo comune per raccogliere dati primari. Possono essere condotti tramite interviste telefoniche, questionari online o di persona. I sondaggi consentono di ottenere opinioni, preferenze e comportamenti dei partecipanti rispetto a un determinato prodotto, servizio o tema di interesse. È importante progettare le domande in modo chiaro e accurato per ottenere risposte significative.

Interviste: Le interviste sono un altro metodo di ricerca di mercato che può essere condotto uno-a-uno o in gruppi di discussione. Le interviste approfondite consentono di ottenere informazioni dettagliate sulle opinioni, le esperienze e le motivazioni dei partecipanti. Le interviste di gruppo sono utili per stimolare la discussione tra i partecipanti e ottenere diverse prospettive su un argomento specifico.

Analisi dei dati demografici: L'analisi dei dati demografici fornisce informazioni sulle caratteristiche demografiche dei consumatori, come età, genere, reddito, istruzione e posizione geografica. Questi dati sono spesso raccolti da fonti come il censimento o i sondaggi governativi e possono aiutare a segmentare il mercato e comprendere meglio il pubblico di riferimento.

Analisi dei dati comportamentali: L'analisi dei dati comportamentali riguarda lo studio dei comportamenti di acquisto, le abitudini di consumo e i modelli di utilizzo dei prodotti o servizi da parte dei consumatori. Questi dati possono essere raccolti tramite dati di vendita, tracciamento degli utenti online o utilizzo di carte fedeltà dei clienti. L'analisi dei dati comportamentali fornisce informazioni preziose sulla domanda di mercato, le preferenze dei clienti e le tendenze di acquisto.

Osservazione diretta: L'osservazione diretta consiste nel raccogliere dati osservando direttamente i consumatori o gli utenti nel loro ambiente naturale. Questo può includere osservazioni di campo, analisi del comportamento degli utenti sul sito web o l'osservazione di focus group. L'osservazione diretta può fornire una comprensione più accurata dei comportamenti e delle reazioni dei consumatori rispetto alle informazioni auto-riferite.

Analisi di mercato online: L'utilizzo di strumenti e piattaforme online può offrire una vasta gamma di dati e informazioni. Ad esempio, l'analisi delle parole chiave e delle tendenze di ricerca su motori di ricerca come Google può fornire indicazioni sulle esigenze e gli interessi dei consumatori. Inoltre, i social media e le analisi web consentono di monitorare e analizzare i comportamenti degli utenti online, nonché l'engagement e le interazioni con il marchio.

Analisi competitiva: L'analisi competitiva coinvolge lo studio dei concorrenti nel mercato. Ciò può includere l'analisi delle strategie di marketing dei concorrenti, il monitoraggio delle loro attività promozionali, la valutazione del posizionamento del marchio e l'analisi dei punti di forza e di debolezza. Questa analisi aiuta a identificare opportunità e sfide nel mercato e a sviluppare una strategia di marketing differenziata.

È importante scegliere gli strumenti e le metodologie di ricerca di mercato più appropriati in base agli obiettivi, al budget e al contesto specifico dell'azienda. Un mix di diverse metodologie può fornire una visione completa e approfondita del mercato e dei consumatori, consentendo decisioni di marketing basate su dati solidi.

Segmentazione del Mercato

La segmentazione di mercato è il processo di suddivisione del mercato in gruppi omogenei di consumatori che condividono caratteristiche simili. Questi gruppi, noti come segmenti di mercato, sono identificati in base a vari fattori come demografia, comportamento di acquisto, bisogni, preferenze e altre variabili rilevanti. La segmentazione di mercato consente alle aziende di comprendere meglio i diversi segmenti di clientela e di adattare le proprie strategie di marketing per soddisfare le esigenze specifiche di ciascun gruppo.

Ecco i passaggi principali per condurre la segmentazione di mercato:

Identificazione delle variabili di segmentazione: Determinare quali fattori sono rilevanti per la segmentazione del mercato. Questi possono includere variabili demografiche come età, genere, reddito, occupazione, variabili geografiche come posizione geografica o variabili comportamentali come abitudini di acquisto, motivazioni, stili di vita e preferenze.

Raccolta di dati: Raccogliere dati e informazioni pertinenti relative alle variabili di segmentazione identificate. Questi dati possono provenire da fonti primarie, come sondaggi o interviste, o da fonti secondarie, come report di settore o statistiche governative.

Analisi dei dati: Analizzare i dati raccolti per identificare i segmenti di mercato. Utilizzare metodi statistici o di analisi dei dati per individuare pattern e raggruppare i consumatori in segmenti omogenei. Ciò può includere l'uso di tecniche come l'analisi cluster o l'analisi delle componenti principali.

Profilazione dei segmenti: Una volta identificati i segmenti di mercato, è importante creare profili dettagliati per ciascun segmento. Questi profili includono informazioni come caratteristiche demografiche, comportamentali, preferenze e bisogni specifici del segmento. Ciò consente alle aziende di comprendere meglio le esigenze dei clienti in ogni segmento e di personalizzare le proprie strategie di marketing di conseguenza.

Selezione del target: Sulla base delle informazioni raccolte durante la segmentazione, scegliere il segmento o i segmenti di mercato più attraenti e adatti all'azienda. Questa selezione dipende dai fattori come la dimensione del segmento, il potenziale di crescita, la redditività e l'allineamento con le capacità e le risorse dell'azienda.

Posizionamento: Una volta selezionati i segmenti di mercato, è necessario definire la proposta di valore e il posizionamento del marchio per ciascun segmento. Il posizionamento si riferisce alla percezione che i consumatori hanno del marchio rispetto alla concorrenza. L'obiettivo è creare una posizione distintiva e desiderabile nel mercato per ciascun segmento target.

La segmentazione di mercato consente alle aziende di adattare le loro strategie di marketing per soddisfare meglio le esigenze dei diversi segmenti di clientela, migliorando l'efficacia delle attività di marketing e aumentando la rilevanza del messaggio inviato ai consumatori.

Analisi della Concorrenza

L'analisi della concorrenza è un processo importante per comprendere il contesto competitivo in cui opera un'azienda. Consiste nell'identificazione, raccolta e valutazione delle informazioni sulle aziende concorrenti per ottenere una panoramica completa delle loro strategie, punti di forza, debolezze, opportunità e minacce. L'obiettivo dell'analisi della concorrenza è quello di ottenere una comprensione approfondita della posizione dell'azienda nel mercato rispetto ai concorrenti e utilizzare queste informazioni per sviluppare una strategia di marketing efficace.

Ecco alcuni passaggi chiave per condurre un'analisi della concorrenza:

Identificazione dei concorrenti: Identificare i concorrenti diretti e indiretti nel mercato. I concorrenti diretti sono aziende che offrono prodotti o servizi simili o sostitutivi, mentre i concorrenti indiretti sono aziende che soddisfano gli stessi bisogni dei clienti ma in modo diverso. È importante considerare sia i concorrenti attuali che potenziali.

Raccolta di informazioni: Raccogliere informazioni su ciascun concorrente identificato. Queste informazioni possono includere dati finanziari, strategie di marketing, canali di distribuzione, mix di prodotti, prezzi, posizionamento del marchio, punti di forza e debolezze, recensioni dei clienti e presenza online. Le fonti di informazioni possono essere report di settore, analisi finanziarie, siti web, rapporti di analisti, studi di mercato e monitoraggio dei social media.

Analisi delle strategie di marketing: Esaminare le strategie di marketing dei concorrenti, compresi i messaggi pubblicitari, le campagne promozionali, le attività sui social media e le tattiche di posizionamento. Analizzare come i concorrenti si rivolgono al loro pubblico target e come cercano di differenziarsi nel mercato.

Analisi dei punti di forza e di debolezza: Valutare i punti di forza e di debolezza dei concorrenti, come la qualità del prodotto, il servizio clienti, la distribuzione, l'immagine del marchio, la capacità innovativa e le risorse finanziarie. Identificare le aree in cui i concorrenti sono forti e le aree in cui possono essere vulnerabili.

Analisi delle opportunità e delle minacce: Identificare le opportunità e le minacce che i concorrenti possono rappresentare per l'azienda. Ciò può includere nuovi prodotti o servizi, penetrazione nel mercato, strategie di pricing aggressive o campagne di marketing innovative. Valutare come queste opportunità e minacce potrebbero influenzare l'azienda e adattare la strategia di marketing di conseguenza.

Posizionamento competitivo: Comprendere come l'azienda si posiziona rispetto ai concorrenti nel mercato. Identificare i punti di forza e di differenziazione dell'azienda rispetto alla concorrenza e sviluppare una strategia di posizionamento competitivo unica che metta in evidenza tali vantaggi.

L'analisi della concorrenza fornisce una visione dettagliata del panorama competitivo e aiuta a prendere decisioni informate nella pianificazione e nell'implementazione delle strategie di marketing.

Tendenze di Mercato e Opportunità

Le tendenze di mercato sono i cambiamenti significativi che si verificano nell'ambiente di mercato e che influenzano le abitudini di consumo, le preferenze dei clienti, le tecnologie emergenti e gli aspetti economici. Identificare queste tendenze può aiutare le aziende a individuare nuove opportunità di mercato e ad adattare le proprie strategie di marketing di conseguenza. Di seguito sono riportate alcune tendenze di mercato attuali e le opportunità che possono offrire:

Personalizzazione: I consumatori stanno sempre più cercando esperienze personalizzate e prodotti/servizi su misura che rispondano alle loro esigenze specifiche. Questo offre un'opportunità per le aziende di adattare la loro offerta per soddisfare le preferenze individuali dei clienti e fornire un'esperienza più rilevante.

Esperienza del cliente: L'esperienza del cliente sta diventando sempre più importante nella scelta di un prodotto o servizio. Le aziende che riescono a creare esperienze positive e memorabili per i propri clienti hanno maggiori possibilità di costruire relazioni di lungo termine e di ottenere raccomandazioni positive.

Sostenibilità: L'interesse per la sostenibilità ambientale e sociale è in aumento, e i consumatori cercano sempre più prodotti e servizi che rispettino l'ambiente e contribuiscano al benessere della società. Ciò offre opportunità per le aziende di sviluppare soluzioni sostenibili, adottare pratiche aziendali responsabili e comunicare in modo trasparente i propri sforzi in materia di sostenibilità.

Tecnologia e digitalizzazione: L'avanzamento delle tecnologie digitali sta trasformando il modo in cui le aziende interagiscono con i clienti e gestiscono le operazioni aziendali. L'adozione di strumenti digitali, come l'e-commerce, l'intelligenza artificiale e l'Internet of Things, apre nuove opportunità per raggiungere i clienti, migliorare l'efficienza operativa e creare nuovi modelli di business.

Mercati emergenti: I mercati emergenti, come i paesi in via di sviluppo o le industrie emergenti, offrono opportunità di crescita significative per le aziende. Questi mercati spesso presentano una crescente classe media e una domanda in rapida evoluzione, aprendo la strada a nuovi segmenti di clientela e a nuove possibilità di espansione.

Innovazione e nuove tecnologie: Le aziende che investono in innovazione e abbracciano nuove tecnologie possono ottenere un vantaggio competitivo significativo. L'identificazione e l'adozione di nuovi prodotti, servizi o modelli di business innovativi possono creare nuove opportunità di mercato e attrarre l'attenzione dei consumatori.

È importante che le aziende rimangano attente alle tendenze di mercato in continua evoluzione e agiscano tempestivamente per sfruttare le opportunità che emergono. La comprensione delle tendenze di mercato e delle opportunità consente alle aziende di adattarsi rapidamente alle mutevoli esigenze dei clienti e di ottenere un vantaggio competitivo nel proprio settore.

CAPITOLO 3

Strategia di Marketing Aziendale

Una strategia di marketing aziendale è un piano dettagliato che definisce gli obiettivi di marketing di un'azienda e le azioni necessarie per raggiungerli. La strategia di marketing deve essere allineata agli obiettivi aziendali più ampi e basata sulla comprensione delle esigenze dei clienti, del mercato di riferimento e della concorrenza. Ecco i passaggi chiave per sviluppare una strategia di marketing aziendale efficace:

Analisi della situazione: Cominciare con un'analisi approfondita dell'azienda, del mercato, dei clienti e dei concorrenti. Comprendere la posizione attuale dell'azienda e individuare le opportunità e le minacce presenti nel contesto di mercato.

Definizione degli obiettivi: Stabilire gli obiettivi di marketing specifici e misurabili che l'azienda intende raggiungere. Gli obiettivi dovrebbero essere allineati con gli obiettivi generali dell'azienda e includere elementi come aumentare la quota di mercato, incrementare le vendite, migliorare la consapevolezza del marchio o acquisire nuovi clienti.

Identificazione del target di mercato: Definire chi sono i clienti ideali per l'azienda. Questo include la segmentazione del mercato e l'individuazione dei segmenti di clientela più redditizi e pertinenti per l'azienda. Comprendere le esigenze, i comportamenti e le preferenze dei clienti target per poter creare messaggi e offerte rilevanti.

Posizionamento e proposta di valore: Definire il posizionamento dell'azienda nel mercato rispetto ai concorrenti. Identificare i punti di forza e le caratteristiche differenzianti dell'azienda e sviluppare una proposta di valore unica che attragga i clienti target. Comunicare chiaramente il valore distintivo dell'azienda attraverso il branding, la comunicazione e l'esperienza del cliente.

Sviluppo delle strategie di marketing: Definire le strategie di marketing che saranno utilizzate per raggiungere gli obiettivi di marketing. Questo può includere strategie di posizionamento, pricing, distribuzione, promozione e comunicazione. Identificare i canali di marketing più efficaci per raggiungere i clienti target e sviluppare un piano dettagliato per l'implementazione delle strategie.

Implementazione e monitoraggio: Mettere in atto le attività di marketing definite nella strategia e monitorare costantemente i risultati. Monitorare le metriche di marketing chiave, come le vendite, la consapevolezza del marchio, l'acquisizione dei clienti e l'engagement, per valutare l'efficacia delle strategie e apportare eventuali modifiche o aggiustamenti necessari.

Misurazione dei risultati e ottimizzazione: Valutare regolarmente i risultati delle attività di marketing e confrontarli con gli obiettivi stabiliti. Analizzare i dati e le metriche per identificare le aree di successo e le opportunità di miglioramento. Utilizzare queste informazioni per apportare modifiche e ottimizzazioni alla strategia di marketing al fine di ottenere risultati migliori nel tempo.

Una strategia di marketing aziendale ben definita e attentamente implementata può aiutare un'azienda a distinguersi dalla concorrenza, ad attrarre e mantenere clienti fedeli e a raggiungere i propri obiettivi di crescita e successo.

Definizione degli Obiettivi di Marketing

La definizione degli obiettivi di marketing è un passo fondamentale nella pianificazione strategica del marketing aziendale. Gli obiettivi di marketing forniscono una direzione chiara e misurabile per le attività di marketing e aiutano a stabilire parametri di successo. Ecco alcuni principi da considerare nella definizione degli obiettivi di marketing:

Specificità: Gli obiettivi di marketing devono essere definiti in modo specifico e dettagliato. Ad esempio, invece di stabilire un obiettivo generico come "aumentare le vendite", è preferibile definire un obiettivo specifico come "aumentare le vendite del prodotto X del 10% entro la fine dell'anno".

Misurabilità: Gli obiettivi di marketing devono essere misurabili e quantificabili. Ciò significa che devono essere definiti in modo tale da poter essere valutati oggettivamente attraverso l'uso di indicatori di performance o metriche di marketing. Ad esempio, "aumentare il tasso di conversione del sito web del 20% entro il trimestre".

Realismo: Gli obiettivi di marketing devono essere realistici e raggiungibili, tenendo conto delle risorse disponibili e delle condizioni di mercato. È importante considerare la fattibilità degli obiettivi e assicurarsi che siano raggiungibili entro il periodo di tempo stabilito.

Rilevanza: Gli obiettivi di marketing devono essere rilevanti per gli obiettivi generali dell'azienda. Devono essere allineati con la strategia aziendale e contribuire al successo complessivo dell'azienda. Ad esempio, se l'obiettivo aziendale è quello di espandersi in nuovi mercati, un obiettivo di marketing potrebbe essere "acquisire 50 nuovi clienti nelle nuove aree target entro sei mesi".

Temporalità: Gli obiettivi di marketing devono essere definiti con un periodo di tempo specifico entro il quale devono essere raggiunti. Ad esempio, "aumentare la consapevolezza del marchio attraverso una campagna pubblicitaria di sei mesi".

Una volta definiti gli obiettivi di marketing, è importante monitorarne il progresso, rivederli periodicamente e apportare eventuali aggiustamenti in base ai risultati ottenuti. La definizione chiara degli obiettivi di marketing aiuta a guidare le decisioni di marketing, a focalizzare le risorse e a misurare il successo delle iniziative di marketing.

Posizionamento dell'Azienda sul Mercato

Il posizionamento dell'azienda sul mercato si riferisce alla percezione e all'immagine che l'azienda intende creare nella mente dei suoi clienti rispetto ai concorrenti. Il posizionamento definisce in che modo un'azienda si differenzia e si distingue dagli altri attori del mercato, comunicando un valore unico e rilevante per i clienti target. Ecco alcuni passaggi chiave per sviluppare un posizionamento efficace:

Analisi del mercato e della concorrenza: Comprendere il mercato in cui si opera e studiare attentamente i concorrenti diretti e indiretti. Identificare i punti di forza e di debolezza della concorrenza e individuare le opportunità per differenziarsi.

Identificazione del target di mercato: Definire chi sono i clienti target dell'azienda e comprendere le loro esigenze, desideri, comportamenti di acquisto e preferenze. Questo aiuterà a creare un posizionamento mirato e pertinente per il pubblico di riferimento.

Sviluppo della proposta di valore: Definire una proposta di valore unica e distintiva che risponda alle esigenze specifiche dei clienti target. La proposta di valore dovrebbe comunicare in modo chiaro e convincente i benefici e il valore che l'azienda offre rispetto alla concorrenza.

Differenziazione: Identificare i fattori di differenziazione che distinguono l'azienda dai concorrenti e che sono importanti per i clienti target. Questi possono includere caratteristiche del prodotto/servizio, prezzo, qualità, servizio clienti, esperienza utente o valori aziendali.

Comunicazione del posizionamento: Creare una strategia di comunicazione chiara e coerente per trasmettere il posizionamento dell'azienda al pubblico di riferimento. Utilizzare messaggi e canali di comunicazione appropriati per far emergere il valore distintivo dell'azienda e costruire un'immagine coerente.

Consistenza nell'esperienza del cliente: Assicurarsi che l'esperienza del cliente sia allineata con il posizionamento dell'azienda. Ciò include ogni punto di contatto con il cliente, come il sito web, l'assistenza clienti, l'esperienza di acquisto, l'imballaggio dei prodotti e la comunicazione post-vendita.

Monitoraggio e adattamento: Monitorare costantemente il posizionamento dell'azienda e valutare la sua efficacia attraverso ricerche di mercato, feedback dei clienti e analisi delle performance. Se necessario, apportare aggiustamenti al posizionamento per rimanere competitivi e adeguati alle mutevoli esigenze del mercato.

Il posizionamento efficace dell'azienda sul mercato è essenziale per differenziarsi dalla concorrenza, creare una percezione di valore distintiva e attrarre e mantenere clienti fedeli. È un processo continuo che richiede attenzione costante per rimanere rilevanti e competitivi nel contesto di mercato.

Sviluppo del Mix di Marketing

Lo sviluppo del mix di marketing, anche conosciuto come le 4P del marketing, si riferisce alla combinazione di strategie e tattiche che un'azienda utilizza per promuovere efficacemente i propri prodotti o servizi sul mercato. Le 4P del marketing sono:

Prodotto: Si riferisce ai beni tangibili o ai servizi offerti dall'azienda. In questa fase, l'azienda deve prendere decisioni relative alla progettazione, alla qualità, alle caratteristiche, alla varietà, al marchio e all'imballaggio del prodotto o servizio offerto.

Prezzo: Riguarda la determinazione del prezzo del prodotto o servizio. L'azienda deve considerare fattori come i costi di produzione, la domanda del mercato, la concorrenza e gli obiettivi finanziari per stabilire un prezzo che sia attraente per i clienti e che consenta di raggiungere i profitti desiderati.

Promozione: Si riferisce alle attività di comunicazione utilizzate per promuovere il prodotto o servizio e raggiungere il pubblico target. Ciò può includere pubblicità, relazioni pubbliche, promozioni di vendita, marketing diretto, marketing online e partecipazione a eventi o fiere.

Distribuzione (Place): Riguarda la scelta dei canali di distribuzione più appropriati per rendere il prodotto o servizio accessibile al pubblico target. Questo include decisioni sulla distribuzione diretta o indiretta, sulla scelta dei punti vendita, sulla gestione della catena di approvvigionamento e sulla logistica.

Oltre alle 4P tradizionali, sono state proposte estensioni del mix di marketing, come le 7P o le 8P, che includono elementi come personale, processi e prove fisiche (ambienti fisici). Questi elementi possono essere rilevanti in settori specifici o in contesti particolari.

È importante sviluppare un mix di marketing coerente e integrato, in cui le diverse componenti lavorino sinergicamente per creare valore per i clienti e raggiungere gli obiettivi aziendali. L'azienda deve adattare il mix di marketing alle specifiche esigenze del proprio mercato target, tenendo conto delle caratteristiche del prodotto o servizio, del comportamento dei consumatori e della concorrenza nel settore. È anche necessario monitorare e valutare costantemente l'efficacia del mix di marketing, apportando eventuali modifiche e aggiustamenti per adattarsi alle dinamiche del mercato.

Pianificazione delle Campagne di Marketing

La pianificazione delle campagne di marketing è un processo strategico che consente di definire gli obiettivi, le strategie e le tattiche per promuovere efficacemente un prodotto, un servizio o un'azienda. Ecco una serie di passaggi chiave per la pianificazione di una campagna di marketing:

Definizione degli obiettivi: Identificare gli obiettivi specifici che si desidera raggiungere con la campagna di marketing. Gli obiettivi possono essere legati alla consapevolezza del marchio, all'aumento delle vendite, all'acquisizione di nuovi clienti o al miglioramento della reputazione aziendale.

Analisi del pubblico target: Comprendere chi sono i clienti target della campagna di marketing, quali sono le loro caratteristiche demografiche, psicografiche e comportamentali. Questo permette di creare messaggi e offerte che siano pertinenti e attraenti per il pubblico di riferimento.

Sviluppo del posizionamento: Definire il posizionamento desiderato per il prodotto o servizio all'interno del mercato e rispetto alla concorrenza. Il posizionamento deve essere distintivo e comunicare il valore unico che l'azienda offre al pubblico target.

Selezione delle tattiche di marketing: Identificare le tattiche di marketing più appropriate per raggiungere gli obiettivi della campagna. Queste possono includere pubblicità tradizionali, marketing online, social media marketing, relazioni pubbliche, eventi, promozioni di vendita, email marketing, marketing influencer, e così via.

Creazione dei messaggi e dei contenuti: Sviluppare messaggi chiari, persuasivi e coerenti che risuonino con il pubblico target. I messaggi dovrebbero comunicare i vantaggi e il valore del prodotto o servizio in modo convincente.

Pianificazione del budget: Definire il budget disponibile per la campagna di marketing e allocarlo in modo efficace tra le diverse tattiche e attività. È importante bilanciare le risorse disponibili con gli obiettivi da raggiungere.

Pianificazione del calendario: Definire il calendario delle attività di marketing, stabilendo le scadenze per le varie fasi della campagna. Questo assicura che le attività di marketing siano pianificate e gestite in modo efficiente.

Monitoraggio e valutazione: Misurare e monitorare costantemente i risultati della campagna di marketing rispetto agli obiettivi stabiliti. Utilizzare metriche e indicatori di performance per valutare l'efficacia della campagna e apportare eventuali modifiche o ottimizzazioni.

La pianificazione delle campagne di marketing richiede un'attenta analisi, pianificazione strategica e un'attuazione mirata delle attività. È un processo iterativo che richiede monitoraggio, misurazione e adattamento continuo per massimizzare l'impatto e il successo della campagna.

CAPITOLO 4
Branding e Comunicazione Aziendale

Il branding e la comunicazione aziendale sono due elementi strettamente correlati che contribuiscono alla costruzione dell'immagine e della reputazione di un'azienda. Vediamo in che modo si interconnettono:

Branding: Il branding si riferisce alla creazione e alla gestione di un marchio distintivo che rappresenta l'identità e il valore dell'azienda. Comprende la definizione di elementi come il nome, il logo, i colori, i caratteri e i valori aziendali. Il branding contribuisce a differenziare un'azienda dalla concorrenza e a creare una connessione emotiva con i clienti. Una strategia di branding ben definita aiuta a stabilire la reputazione e l'immagine dell'azienda nel mercato.

Comunicazione aziendale: La comunicazione aziendale riguarda la trasmissione di messaggi coerenti e rilevanti al pubblico target. Coinvolge la selezione dei canali di comunicazione, la creazione di contenuti, l'organizzazione di eventi e la gestione delle relazioni pubbliche. La comunicazione aziendale mira a trasmettere la storia, i valori, i vantaggi e le offerte dell'azienda in modo chiaro, convincente e coerente. Attraverso la comunicazione, l'azienda crea consapevolezza, stimola l'interesse e sviluppa la fiducia nei confronti del marchio.

Il branding e la comunicazione aziendale si influenzano a vicenda e lavorano insieme per costruire l'immagine complessiva dell'azienda. Ecco come si collegano:

Coerenza del marchio: Il branding fornisce le fondamenta per la comunicazione aziendale, definendo l'identità visiva e i valori dell'azienda. Una solida strategia di branding assicura che tutti i messaggi e le comunicazioni aziendali siano coerenti con l'immagine desiderata.

Differenziazione: Il branding aiuta a distinguere un'azienda dalla concorrenza, creando un'identità unica e riconoscibile. La comunicazione aziendale sfrutta questo posizionamento distintivo per trasmettere in modo efficace il valore e i vantaggi che l'azienda offre rispetto ai concorrenti.

Consistenza del messaggio: La comunicazione aziendale si basa sugli elementi di branding per creare messaggi coerenti e riconoscibili. Una comunicazione coesa e coerente rafforza la memoria del marchio, favorisce la comprensione da parte dei clienti e contribuisce a costruire una reputazione solida.

Coinvolgimento del pubblico: Il branding e la comunicazione aziendale lavorano insieme per coinvolgere il pubblico target. Attraverso una comunicazione accurata e rilevante, l'azienda può creare connessioni emotive, generare interesse e incoraggiare la fedeltà del cliente.

Gestione della reputazione: Sia il branding che la comunicazione aziendale influenzano la percezione che il pubblico ha dell'azienda. Una strategia di branding ben eseguita e una comunicazione trasparente e autentica contribuiscono a costruire una reputazione positiva e affidabile.

In sintesi, il branding e la comunicazione aziendale sono due pilastri fondamentali per la creazione di un'immagine forte e di successo per un'azienda. Lavorando insieme, contribuiscono a costruire la reputazione, a differenziare l'azienda dalla concorrenza e a creare connessioni significative con il pubblico target.

Costruzione di un Brand di Successo

La costruzione di un brand di successo richiede un'approfondita pianificazione strategica e un'impeccabile esecuzione. Ecco alcuni passaggi chiave da seguire per costruire un brand di successo:

Definizione dell'identità del brand: Inizia identificando la missione, la visione e i valori dell'azienda. Questi elementi forniranno una base solida per l'identità del brand e per le decisioni di branding che seguiranno.

Ricerca di mercato: Effettua una ricerca di mercato approfondita per comprendere il tuo pubblico target, i bisogni e le preferenze dei consumatori, nonché la posizione della concorrenza. Questa conoscenza ti aiuterà a creare un posizionamento unico e rilevante per il tuo brand.

Sviluppo dell'identità visiva: Crea un'identità visiva forte e coerente per il tuo brand. Questo include la creazione di un logo distintivo, la selezione di colori, caratteri e stili grafici che rappresentino l'immagine e i valori del brand.

Creazione del messaggio del brand: Sviluppa un messaggio chiaro e coinvolgente che trasmetta i valori, i vantaggi e la personalità del tuo brand. Questo messaggio dovrebbe risuonare con il tuo pubblico target e differenziarti dalla concorrenza.

Esperienza del cliente: Crea un'esperienza del cliente eccezionale che rifletta l'identità del tuo brand. Questo include l'interazione con il tuo sito web, i social media, i punti vendita fisici (se presenti) e il servizio clienti. Ogni punto di contatto con il cliente dovrebbe riflettere la promessa del tuo brand.

Coerenza del brand: Mantieni una coerenza in tutto ciò che riguarda il tuo brand. Ciò include la comunicazione, l'immagine visiva, il tono di voce, le strategie di marketing e la qualità dei prodotti o servizi offerti. Una coerenza coerente contribuisce a creare fiducia e riconoscibilità del brand.

Coinvolgimento del pubblico: Coinvolgi il tuo pubblico target attraverso diverse strategie di marketing, come contenuti rilevanti e coinvolgenti, campagne pubblicitarie, social media marketing, eventi, sponsorizzazioni e collaborazioni con influencer. Crea una community attorno al tuo brand e incoraggia l'interazione e la partecipazione del pubblico.

Monitoraggio e adattamento: Monitora costantemente il posizionamento del tuo brand, la percezione del pubblico e l'efficacia delle tue strategie di branding. Fai regolari analisi e apporta eventuali modifiche o adattamenti necessari per rimanere al passo con l'evoluzione del mercato e le esigenze dei consumatori.

Costruire un brand di successo richiede tempo, impegno e una visione strategica a lungo termine. Mantieni la tua promessa di marca, soddisfa costantemente le aspettative del pubblico e sii autentico nel modo in cui ti relazioni con i tuoi clienti. Con coerenza e dedizione, potrai costruire un brand di successo che si differenzierà nella mente dei consumatori e avrà un impatto duraturo sul mercato.

Identità e Immagine del Marchio

L'identità e l'immagine del marchio sono concetti chiave nella costruzione e nella gestione di un brand di successo. Vediamo in che modo si differenziano e come contribuiscono alla percezione complessiva del marchio:

Identità del marchio: L'identità del marchio rappresenta l'essenza e l'insieme di attributi distintivi che definiscono il marchio. Questi elementi includono la missione, la visione, i valori, la personalità e la promessa del marchio. L'identità del marchio fornisce una guida strategica per la comunicazione, le decisioni di branding e le interazioni con i consumatori. È ciò che l'azienda desidera che il suo marchio rappresenti e comunichi al pubblico.

Immagine del marchio: L'immagine del marchio si riferisce alla percezione che i consumatori hanno del marchio. È l'immagine mentale che si forma nella mente delle persone quando pensano al marchio. L'immagine del marchio è influenzata dalle esperienze personali, dalle comunicazioni aziendali, dalla reputazione e dalla visibilità del marchio sul mercato. È ciò che il pubblico effettivamente percepisce e associa al marchio.

L'obiettivo è creare una forte correlazione tra l'identità del marchio e l'immagine del marchio. Una buona corrispondenza tra i due può generare fiducia, fedeltà e valore per il marchio. Alcuni punti da considerare:

Coerenza: È importante mantenere una coerenza tra l'identità del marchio e l'immagine del marchio. Ciò significa che le promesse fatte dal marchio devono essere coerenti con le esperienze e le percezioni dei consumatori.

Comunicazione efficace: Una comunicazione chiara e consistente è essenziale per trasmettere l'identità del marchio e modellare l'immagine del marchio. Utilizza i canali di comunicazione appropriati per raggiungere il pubblico target e trasmettere i valori e i messaggi chiave del marchio in modo convincente.

Gestione delle esperienze del cliente: Le esperienze che i clienti vivono con il marchio influenzano direttamente l'immagine del marchio. Offri un'esperienza di alta qualità che rifletta l'identità del marchio e soddisfi le aspettative dei consumatori.

Monitoraggio e adattamento: Monitora costantemente l'immagine del marchio attraverso ricerche di mercato, feedback dei clienti e analisi dei dati. Adatta le strategie di branding e di comunicazione se necessario per mantenere l'allineamento tra l'identità del marchio e l'immagine del marchio.

Gestione della reputazione: La reputazione del marchio è strettamente legata all'immagine del marchio. Gestisci attentamente la reputazione del marchio, affronta tempestivamente eventuali problemi o controversie e lavora per costruire una reputazione positiva e affidabile nel mercato.

La coerenza, l'autenticità e l'impegno nel rispettare la promessa del marchio sono fondamentali per creare una solida identità del marchio e una positiva immagine del marchio.

Pubblicità e Promozione

La pubblicità e la promozione sono due componenti fondamentali del mix di marketing di un'azienda. Sono strumenti utilizzati per comunicare con il pubblico target e promuovere i prodotti o servizi dell'azienda. Vediamo di seguito in cosa consistono e come si differenziano:

Pubblicità: La pubblicità è una forma di comunicazione di marketing a pagamento, in cui un'azienda promuove i suoi prodotti, servizi o brand attraverso mezzi di comunicazione di massa come la televisione, la radio, i giornali, le riviste, gli annunci online e così via. L'obiettivo principale della pubblicità è creare consapevolezza del marchio, promuovere le caratteristiche e i vantaggi dei prodotti o servizi offerti e influenzare le decisioni d'acquisto dei consumatori.

La pubblicità può essere di diversi tipi, come la pubblicità televisiva, la pubblicità stampata, la pubblicità online, la pubblicità esterna (billboard, affissioni pubblicitarie) e così via. È importante progettare annunci pubblicitari creativi, coinvolgenti e pertinenti per raggiungere il pubblico target e ottenere i risultati desiderati.

Promozione: La promozione, d'altra parte, si riferisce a una serie di attività mirate a stimolare l'interesse, l'acquisto e la fedeltà dei clienti verso un'azienda o i suoi prodotti/servizi. La promozione può assumere diverse forme, come sconti, coupon, premi, campagne promozionali, concorsi, eventi, pubbliche relazioni e così via.

L'obiettivo della promozione è incentivare i clienti a provare i prodotti o servizi dell'azienda, generare vendite, creare relazioni con i clienti e promuovere la fedeltà del marchio. La promozione può essere rivolta sia ai potenziali clienti (promozioni per nuovi clienti) che ai clienti esistenti (programmi fedeltà, offerte personalizzate).

È importante pianificare e coordinare le attività di pubblicità e promozione in modo strategico, tenendo conto del pubblico target, degli obiettivi di marketing e del budget disponibile. Entrambi gli strumenti sono complementari e possono essere utilizzati in modo sinergico per ottenere risultati migliori. La pubblicità crea consapevolezza e interesse iniziale, mentre la promozione stimola l'azione e la conversione.

Inoltre, con l'avvento delle piattaforme digitali, la pubblicità online e la promozione digitale hanno acquisito una maggiore rilevanza. Strumenti come la pubblicità sui motori di ricerca, la pubblicità sui social media, l'email marketing e il content marketing offrono nuove opportunità per raggiungere e coinvolgere il pubblico in modo più mirato ed efficace.

In conclusione, sia la pubblicità che la promozione sono strumenti chiave per la comunicazione di marketing di un'azienda, ma si differenziano per le modalità di diffusione e gli obiettivi specifici. La scelta delle strategie di pubblicità e promozione più adatte dipenderà dal target di riferimento, dagli obiettivi di marketing e dalle risorse disponibili.

Relazioni Pubbliche e Gestione della Reputazione

Le relazioni pubbliche (RP) e la gestione della reputazione sono elementi essenziali per l'immagine e il successo di un'azienda. Vediamole nel dettaglio:

Relazioni Pubbliche: Le relazioni pubbliche riguardano la gestione delle comunicazioni e delle relazioni tra un'azienda e il pubblico esterno, che comprende clienti, investitori, media, influencer, comunità locali e altre parti interessate. L'obiettivo principale delle relazioni pubbliche è creare, mantenere e migliorare la reputazione dell'azienda attraverso la comunicazione efficace e la gestione delle relazioni.

Le attività delle relazioni pubbliche possono includere la pianificazione e l'implementazione di strategie di comunicazione, l'organizzazione di eventi, la gestione delle relazioni con i media, la creazione di contenuti per la stampa e i social media, la gestione delle crisi e la partecipazione attiva alla comunità. Le relazioni pubbliche mirano a influenzare positivamente l'opinione pubblica e a costruire una relazione fiduciaria con il pubblico.

Gestione della Reputazione: La gestione della reputazione si concentra sulla supervisione e la protezione della reputazione di un'azienda. La reputazione è l'opinione generale che il pubblico ha dell'azienda, basata sulle sue azioni, i suoi prodotti, il suo servizio clienti e altre interazioni. La gestione della reputazione comprende l'analisi e la comprensione della percezione del marchio, l'identificazione dei punti di forza e delle criticità, e l'adozione di misure per gestire e migliorare la reputazione.

La gestione della reputazione coinvolge la monitoraggio dell'immagine del marchio attraverso la supervisione dei media tradizionali e online, il monitoraggio dei social media, la gestione delle recensioni dei clienti e il coinvolgimento nella gestione delle crisi. È importante prendere tempestivamente provvedimenti per affrontare eventuali problemi o critiche e gestire in modo proattivo l'immagine dell'azienda.

Le relazioni pubbliche e la gestione della reputazione sono strettamente collegate, poiché le attività delle relazioni pubbliche contribuiscono alla costruzione e al mantenimento di una reputazione positiva. Una comunicazione trasparente, autentica ed efficace attraverso le relazioni pubbliche può influenzare positivamente la percezione del marchio da parte del pubblico e contribuire a costruire una solida reputazione aziendale.

Inoltre, le relazioni pubbliche e la gestione della reputazione sono importanti per gestire le crisi e proteggere l'azienda da potenziali danni reputazionali. Essere proattivi nella gestione delle situazioni di crisi e comunicare in modo aperto ed empatico con il pubblico possono contribuire a limitare gli effetti negativi e preservare la reputazione dell'azienda.

In conclusione, le relazioni pubbliche e la gestione della reputazione sono fondamentali per creare e mantenere una reputazione positiva per un'azienda. Una comunicazione efficace, un coinvolgimento attivo con il pubblico e la gestione delle situazioni critiche sono elementi chiave per garantire una buona reputazione aziendale.

CAPITOLO 5

Marketing Digitale e Social Media

Il marketing digitale e i social media sono diventati componenti essenziali delle strategie di marketing aziendale nell'era digitale. Vediamo di seguito cosa comporta il marketing digitale e come i social media possono essere utilizzati efficacemente:

Marketing Digitale: Il marketing digitale si riferisce all'uso delle tecnologie digitali, come Internet, i dispositivi mobili e altre piattaforme digitali, per promuovere prodotti o servizi e raggiungere il pubblico target. Le principali aree del marketing digitale includono:
Sito web: Un sito web ben progettato e user-friendly è un elemento chiave per l'efficacia del marketing digitale. Deve essere ottimizzato per i motori di ricerca (SEO) per aumentare la visibilità online e offrire una buona esperienza agli utenti.

Motori di ricerca: Il posizionamento sui motori di ricerca, sia attraverso la ricerca organica (SEO) che attraverso la pubblicità a pagamento (SEM), può aiutare a migliorare la visibilità e la rilevanza del marchio.

Social media marketing: I social media sono piattaforme online che permettono alle aziende di interagire con il pubblico in modo diretto. Le strategie di social media marketing includono la creazione di contenuti rilevanti e coinvolgenti, l'interazione con gli utenti, la gestione della reputazione online e la promozione dei prodotti o servizi dell'azienda.

Email marketing: L'email marketing è una forma di marketing diretto che utilizza l'invio di email personalizzate e mirate per raggiungere il pubblico target. Può essere utilizzato per informare gli utenti, promuovere offerte speciali, inviare newsletter e mantenere la relazione con i clienti.

Content marketing: Il content marketing consiste nella creazione e condivisione di contenuti di valore per il pubblico target, come articoli, blog, video, podcast e altro ancora. L'obiettivo è attirare e coinvolgere il pubblico, posizionarsi come un'azienda esperta nel settore e creare fiducia e fedeltà.

Social Media: I social media sono piattaforme online che consentono agli utenti di condividere contenuti, interagire tra loro e seguire i brand e le aziende di loro interesse. I social media più popolari includono Facebook, Instagram, Twitter, LinkedIn, YouTube e molti altri. Ecco come possono essere utilizzati nel marketing aziendale:

Creazione di una presenza aziendale: Le aziende possono creare pagine o profili aziendali sui social media per rappresentare il proprio marchio e interagire con il pubblico.

Creazione di contenuti: I social media offrono l'opportunità di condividere contenuti interessanti, coinvolgenti e rilevanti per il pubblico. Questo può includere testi, immagini, video, infografiche e altro ancora.

Interazione con il pubblico: I social media consentono alle aziende di interagire direttamente con il pubblico, rispondere alle domande, fornire assistenza, gestire recensioni e commenti e creare relazioni più forti con i clienti.

Pubblicità sui social media: I social media offrono anche opzioni pubblicitarie che consentono alle aziende di raggiungere un pubblico specifico in base a criteri demografici, interessi e comportamenti. Ciò consente una maggiore precisione e rilevanza nella promozione dei prodotti o servizi.

L'utilizzo efficace del marketing digitale e dei social media richiede una pianificazione strategica, la conoscenza del proprio pubblico target e l'analisi dei risultati. Le aziende devono adattarsi ai cambiamenti nel comportamento dei consumatori e sfruttare le opportunità offerte dalla tecnologia digitale per raggiungere il successo nel loro settore.

Importanza del Marketing Digitale nell'era moderna

Il marketing digitale ha assunto un'importanza sempre maggiore nell'era moderna per diverse ragioni. Ecco alcune delle principali ragioni per cui il marketing digitale è diventato fondamentale:

Presenza online: Sempre più persone trascorrono gran parte del loro tempo online, utilizzando Internet e i dispositivi mobili per cercare informazioni, connettersi con gli altri e fare acquisti. Il marketing digitale consente alle aziende di essere presenti in modo significativo sul web, raggiungendo il proprio pubblico target in modo efficace e costante.

Ampia portata: Grazie al marketing digitale, le aziende possono raggiungere un pubblico globale in modo rapido ed efficiente. Le barriere geografiche vengono superate e le aziende possono espandere la propria presenza oltre i confini fisici, aprendo nuove opportunità di business.

Targeting preciso: Il marketing digitale offre strumenti avanzati per identificare e raggiungere il pubblico specifico che le aziende desiderano coinvolgere. Attraverso l'utilizzo di dati demografici, interessi, comportamenti online e altre informazioni, le aziende possono creare campagne di marketing mirate per raggiungere esattamente il loro pubblico ideale.

Misurazione dei risultati: Una delle caratteristiche distintive del marketing digitale è la possibilità di misurare con precisione l'efficacia delle strategie di marketing. Attraverso l'uso di strumenti di analisi web e social media, le aziende possono monitorare le metriche chiave, come il traffico del sito web, le conversioni, l'engagement sui social media e altro ancora. Questo consente di valutare l'efficacia delle strategie e apportare eventuali correzioni o miglioramenti.

Costo-efficienza: Rispetto alle forme tradizionali di marketing, il marketing digitale può essere più accessibile in termini di costi. Le campagne di marketing digitale possono essere personalizzate in base al budget aziendale e possono offrire un migliore rapporto qualità-prezzo rispetto alle forme di marketing tradizionali.

Interazione e coinvolgimento del pubblico: Il marketing digitale permette alle aziende di interagire direttamente con il proprio pubblico attraverso i social media, i commenti sul blog, le recensioni online e altro ancora. Questa interazione crea un'opportunità per costruire relazioni più forti con i clienti, ascoltare i loro feedback e offrire un servizio clienti personalizzato.

In sintesi, il marketing digitale è diventato fondamentale nell'era moderna perché consente alle aziende di essere presenti dove il loro pubblico si trova, di raggiungerlo in modo mirato e di misurare l'efficacia delle strategie. È un elemento essenziale per rimanere competitivi nel panorama aziendale odierno.

Strategie di Marketing Online

Le strategie di marketing online sono fondamentali per promuovere un'azienda, i suoi prodotti o servizi e raggiungere il pubblico target attraverso il canale digitale. Ecco alcune delle principali strategie di marketing online:

Search Engine Optimization (SEO): La SEO è una strategia finalizzata a migliorare il posizionamento di un sito web sui motori di ricerca. Ciò include l'ottimizzazione dei contenuti, l'utilizzo di parole chiave pertinenti, la creazione di una struttura di navigazione intuitiva e l'acquisizione di backlink di qualità. Una buona SEO aiuta a migliorare la visibilità del sito web e ad attirare traffico organico.

Pay-per-Click Advertising (PPC): La pubblicità PPC consente di visualizzare annunci a pagamento sui motori di ricerca o su altri siti web. Gli annunci vengono mostrati in base alle parole chiave scelte e l'azienda paga solo quando un utente fa clic sull'annuncio. Le piattaforme più comuni per la pubblicità PPC sono Google Ads e social media advertising come Facebook Ads.

Content Marketing: Il content marketing si concentra sulla creazione e condivisione di contenuti di qualità, pertinenti e utili per il pubblico target. Ciò include articoli sul blog, guide, video, infografiche e altro ancora. L'obiettivo è attirare e coinvolgere il pubblico, costruire autorità nel settore e creare fiducia con i potenziali clienti.

Social Media Marketing: Questa strategia coinvolge l'utilizzo dei social media per promuovere l'azienda e interagire con il pubblico. Ciò include la creazione di contenuti rilevanti e coinvolgenti, la gestione di pagine aziendali sui social media, l'utilizzo di pubblicità mirate e l'interazione con i follower attraverso commenti, messaggi diretti e altro ancora.

Email Marketing: L'email marketing coinvolge l'invio di email personalizzate e mirate al pubblico interessato. Questo può includere l'invio di newsletter periodiche, promozioni speciali, annunci di nuovi prodotti o servizi e altro ancora. L'obiettivo è mantenere un rapporto diretto con i clienti e stimolare l'azione.

Marketing di Affiliazione: Il marketing di affiliazione coinvolge la collaborazione con partner o affiliati che promuovono i prodotti o servizi dell'azienda in cambio di una commissione sulle vendite generate. Questo può contribuire ad ampliare la portata del marchio e raggiungere nuovi segmenti di pubblico.

Marketing influencer: Il marketing influencer coinvolge la collaborazione con influencer o personalità riconosciute in un determinato settore per promuovere l'azienda o i suoi prodotti/servizi. Gli influencer hanno un seguito di pubblico fedele e possono contribuire a creare consapevolezza e fiducia nel marchio.

È importante selezionare le strategie di marketing online che meglio si adattano all'azienda, al pubblico target e agli obiettivi di marketing. Inoltre, è essenziale monitorare e valutare i risultati per apportare eventuali miglioramenti e ottimizzare le strategie nel tempo.

Social Media Marketing e Gestione delle Piattaforme

Il social media marketing è una componente importante della strategia di marketing online e coinvolge la promozione e la gestione delle attività dell'azienda sui social media. Ecco alcuni passaggi fondamentali per una gestione efficace delle piattaforme social:

Definire gli obiettivi: Prima di iniziare qualsiasi attività di social media marketing, è importante stabilire gli obiettivi che si desidera raggiungere. Gli obiettivi possono essere aumentare la consapevolezza del marchio, aumentare l'engagement del pubblico, generare lead o conversioni, migliorare il servizio clienti, etc. Definire gli obiettivi aiuta a guidare le strategie e le decisioni di contenuto.

Identificare il pubblico target: È importante conoscere il proprio pubblico target sui social media. Chi sono, quali sono i loro interessi, quali piattaforme utilizzano maggiormente? Queste informazioni aiutano a creare contenuti e campagne mirate che risuonano con il pubblico.

Scegliere le piattaforme social: Esistono molte piattaforme social tra cui scegliere, come Facebook, Instagram, Twitter, LinkedIn, YouTube, TikTok, ecc. Non è necessario essere presenti su tutte le piattaforme, ma è importante selezionare quelle più rilevanti per il proprio pubblico target e gli obiettivi aziendali. Ogni piattaforma ha le sue peculiarità e i propri strumenti di promozione.

Creare una strategia di contenuto: Una volta identificate le piattaforme social, è importante sviluppare una strategia di contenuto. Ciò implica la creazione di contenuti rilevanti, interessanti e di valore per il pubblico target. I contenuti possono essere testuali, visivi (immagini, foto, grafiche) o multimediali (video, podcast). È anche importante pianificare la frequenza di pubblicazione e tenere conto delle tendenze e degli eventi rilevanti.

Monitorare e coinvolgere: La gestione dei social media richiede una costante monitoraggio delle attività, dell'engagement e dei feedback dei follower. Rispondere ai commenti, messaggi e recensioni è fondamentale per creare un rapporto di fiducia con il pubblico. Inoltre, è possibile utilizzare strumenti di ascolto dei social media per monitorare le menzioni del marchio o delle parole chiave rilevanti per l'azienda.

Analizzare i risultati: È importante misurare e analizzare i risultati delle attività di social media marketing. Ciò può essere fatto attraverso le analisi delle piattaforme stesse o attraverso strumenti di analisi esterni. Valutare le metriche come l'engagement, il numero di follower, il traffico al sito web, le conversioni e altro ancora aiuta a comprendere l'efficacia delle strategie e apportare eventuali modifiche o miglioramenti.

Rimane aggiornati sulle tendenze: Il panorama dei social media è in continua evoluzione, quindi è importante rimanere aggiornati sulle ultime tendenze, funzionalità e best practice. Partecipare a conferenze, seguire influencer o risorse autorevoli nel settore del social media marketing possono aiutare a rimanere informati sulle novità.

La gestione delle piattaforme social richiede tempo, pianificazione e una strategia coerente. Tuttavia, se gestito correttamente, il social media marketing può contribuire notevolmente alla creazione di consapevolezza del marchio, all'engagement del pubblico e al raggiungimento degli obiettivi di marketing dell'azienda.

Ottimizzazione dei Motori di Ricerca (SEO) e Pubblicità Online

L'ottimizzazione dei motori di ricerca (SEO) e la pubblicità online sono due componenti importanti della strategia di marketing digitale. Vediamo come funzionano e come possono essere utilizzate efficacemente:

Ottimizzazione dei motori di ricerca (SEO):

La SEO è un insieme di pratiche finalizzate a migliorare la visibilità e il posizionamento di un sito web nei risultati organici dei motori di ricerca come Google. L'obiettivo è ottenere un traffico qualificato e gratuito verso il proprio sito.

Le pratiche di SEO includono l'ottimizzazione dei contenuti, l'uso corretto delle parole chiave, l'ottimizzazione tecnica del sito web, la creazione di backlink di qualità e l'esperienza utente.

Una buona strategia di SEO richiede una ricerca accurata delle parole chiave, l'ottimizzazione dei contenuti per rispondere alle esigenze degli utenti, l'ottimizzazione tecnica del sito web per una navigazione fluida e veloce, e la promozione del sito web tramite la creazione di backlink di qualità.

Pubblicità online:

La pubblicità online, come la pubblicità pay-per-click (PPC), consente alle aziende di visualizzare annunci a pagamento su motori di ricerca o altre piattaforme online, come i social media. L'obiettivo è attirare traffico qualificato verso il sito web e generare conversioni.

Con la pubblicità PPC, le aziende possono impostare annunci targetizzati in base alle parole chiave, alle caratteristiche demografiche o agli interessi del pubblico. Pagano solo quando un utente fa clic sull'annuncio.

Le piattaforme più comuni per la pubblicità online includono Google Ads per la ricerca, display e video, e social media advertising come Facebook Ads, Instagram Ads, LinkedIn Ads e Twitter Ads.

Una strategia di pubblicità online efficace richiede una ricerca delle parole chiave e delle caratteristiche del pubblico, la creazione di annunci attraenti e pertinenti, un'ottimizzazione continua delle campagne e l'analisi dei risultati per apportare eventuali miglioramenti.

Mentre la SEO mira a migliorare il posizionamento organico del sito web nei motori di ricerca, la pubblicità online offre una soluzione più immediata e controllata per ottenere visibilità e generare traffico verso il proprio sito. Entrambe le strategie possono essere implementate simultaneamente per massimizzare l'efficacia del marketing online e raggiungere gli obiettivi aziendali.

CAPITOLO 6

Analisi delle Prestazioni e Misurazione dei Risultati

L'analisi delle prestazioni e la misurazione dei risultati sono fondamentali per valutare l'efficacia delle strategie di marketing e apportare eventuali miglioramenti. Ecco alcuni concetti e strumenti utili per condurre un'analisi accurata:

Definire le metriche chiave: Prima di iniziare l'analisi, è importante stabilire le metriche chiave che saranno utilizzate per misurare i risultati. Le metriche possono variare a seconda degli obiettivi di marketing, ma potrebbero includere il numero di visite al sito web, la durata della sessione, il tasso di conversione, il valore medio degli ordini, l'engagement sui social media, il tasso di apertura delle email, ecc.

Utilizzare strumenti di analisi: Esistono numerosi strumenti di analisi disponibili che possono fornire dati dettagliati sulle prestazioni delle attività di marketing. Google Analytics è uno strumento ampiamente utilizzato per monitorare il traffico del sito web, il comportamento degli utenti e le conversioni. I social media e le piattaforme di pubblicità online offrono anche strumenti di analisi per monitorare le prestazioni delle campagne e il coinvolgimento del pubblico.

Segmentare i dati: Segmentare i dati in base a vari fattori, come la fonte del traffico, la posizione geografica, il dispositivo utilizzato, può fornire informazioni più dettagliate sulle diverse fasce di pubblico e sui comportamenti d'acquisto. Questa segmentazione consente di identificare i segmenti di pubblico più redditizi e ottimizzare le strategie di marketing in base a essi.

Confrontare con gli obiettivi: Confrontare i dati raccolti con gli obiettivi di marketing prefissati consente di valutare se si è raggiunto il successo desiderato. Se i risultati non soddisfano gli obiettivi, è possibile apportare modifiche alle strategie per migliorare le prestazioni.

Monitorare i trend nel tempo: Oltre a valutare i risultati attuali, è importante monitorare i trend nel tempo per identificare eventuali cambiamenti o modelli nelle prestazioni delle attività di marketing. Ciò può aiutare a individuare opportunità o problemi emergenti e ad adattare le strategie di conseguenza.

Effettuare test e sperimentazioni: Testare diverse varianti di messaggi, design, canali di marketing e strategie permette di valutare quali approcci sono più efficaci nel raggiungere gli obiettivi. Test A/B, focus group e ricerche di mercato possono essere utili per ottenere feedback diretti dai consumatori e raccogliere dati qualitativi.

L'analisi delle prestazioni e la misurazione dei risultati sono processi continui che richiedono un monitoraggio costante e una valutazione regolare. Questo permette di adattare le strategie di marketing in base ai dati e di massimizzare l'efficacia delle attività di marketing aziendale.

KPI e Metriche di Marketing

I KPI (Key Performance Indicators) e le metriche di marketing sono misurazioni utilizzate per valutare l'efficacia delle attività di marketing e il raggiungimento degli obiettivi. Ecco alcuni esempi comuni di KPI e metriche di marketing:

Conversion Rate (Tasso di Conversione): Misura la percentuale di visitatori o utenti che compiono un'azione desiderata sul sito web, come effettuare un acquisto o compilare un modulo.

Return on Investment (ROI): Misura il rendimento finanziario generato da una determinata attività di marketing rispetto agli investimenti effettuati. È spesso espresso come un rapporto tra il guadagno netto e il costo dell'investimento.

Cost per Acquisition (CPA): Indica il costo medio sostenuto per acquisire un nuovo cliente. Si calcola dividendo il costo totale delle campagne di marketing per il numero di nuovi clienti acquisiti.

Customer Lifetime Value (CLV): Misura il valore monetario che un cliente genera per l'azienda nel corso della sua relazione. È utile per valutare l'efficacia delle strategie di fidelizzazione e retention dei clienti.

Click-Through Rate (CTR): Rappresenta la percentuale di persone che cliccano su un annuncio o un link rispetto al numero totale di persone che lo visualizzano. È spesso utilizzato per valutare l'efficacia delle campagne pubblicitarie online.

Social Media Engagement: Misura il coinvolgimento del pubblico sui canali social, come il numero di like, commenti, condivisioni e visualizzazioni dei contenuti pubblicati.

Cost per Lead (CPL): Indica il costo medio sostenuto per generare un lead qualificato. Si calcola dividendo il costo totale delle attività di generazione di lead per il numero di lead ottenuti.

Customer Satisfaction Score (CSS): Valuta il grado di soddisfazione dei clienti tramite sondaggi o feedback. È utile per monitorare e migliorare l'esperienza del cliente.

Traffic Sources: Rappresenta le diverse fonti di traffico che portano visitatori al sito web, come la ricerca organica, le campagne pubblicitarie, i social media, il referral, ecc.

Brand Awareness: Valuta il livello di consapevolezza del marchio tra il pubblico di riferimento, spesso misurato attraverso sondaggi o ricerche di mercato.

È importante selezionare i KPI e le metriche che sono più rilevanti per gli obiettivi di marketing dell'azienda e tenerli costantemente monitorati per valutare le prestazioni e apportare eventuali correzioni o miglioramenti nelle strategie di marketing.

Analisi dei Dati e Interpretazione dei Risultati

L'analisi dei dati e l'interpretazione dei risultati sono processi fondamentali per trarre informazioni significative dalle informazioni raccolte e prendere decisioni informate. Ecco alcuni passaggi chiave per condurre un'analisi dei dati efficace e interpretare i risultati:

Raccolta dei dati: Assicurarsi di avere dati accurati, completi e affidabili. Utilizzare strumenti di tracciamento e analisi appropriati per raccogliere i dati desiderati, come Google Analytics, CRM (Customer Relationship Management) o strumenti di monitoraggio dei social media.

Pulizia e preparazione dei dati: Prima di iniziare l'analisi, è importante pulire e preparare i dati per eliminare eventuali errori, dati mancanti o dati duplicati. Questo assicura che i dati siano pronti per l'elaborazione successiva.

Utilizzo di strumenti e tecniche di analisi: Utilizzare strumenti e tecniche di analisi appropriati per esplorare i dati e identificare pattern, trend e relazioni. Ciò può includere l'utilizzo di statistiche descrittive, analisi di correlazione, regressione, segmentazione dei dati, modelli predittivi e altre tecniche di analisi avanzate.

Creazione di visualizzazioni dei dati: Utilizzare grafici, tabelle e altre visualizzazioni dei dati per rappresentare in modo chiaro e significativo i risultati dell'analisi. Questo rende più facile comprendere e comunicare i risultati alle parti interessate.

Interpretazione dei risultati: Analizzare i risultati in modo critico e approfondito per trarre conclusioni e ottenere informazioni utili. Identificare i pattern o le tendenze emergenti, valutare l'efficacia delle strategie di marketing e identificare eventuali aree di miglioramento o opportunità.

Collegare i risultati agli obiettivi di marketing: Collegare i risultati dell'analisi agli obiettivi di marketing prefissati per valutare se le strategie stanno producendo i risultati desiderati. Identificare eventuali scostamenti e determinare se è necessario apportare modifiche alle strategie di marketing.

Monitoraggio continuo e iterativo: L'analisi dei dati è un processo continuo e iterativo. Monitorare costantemente le metriche e i KPI, aggiornare e regolare le strategie di marketing in base ai risultati e continuare a raccogliere dati per migliorare continuamente le prestazioni.

L'interpretazione dei dati richiede competenze analitiche e una buona comprensione del contesto aziendale e delle strategie di marketing. È consigliabile coinvolgere professionisti del settore, come analisti dei dati o esperti di marketing, per ottenere un'analisi accurata e una comprensione approfondita dei risultati.

Ottimizzazione delle Strategie di Marketing

L'ottimizzazione delle strategie di marketing è un processo continuo e iterativo che mira a migliorare l'efficacia delle attività di marketing per raggiungere gli obiettivi prefissati. Ecco alcuni passaggi per ottimizzare le strategie di marketing:

Analisi dei dati: Utilizzare l'analisi dei dati per valutare le prestazioni delle attività di marketing. Esaminare metriche e indicatori chiave come il tasso di conversione, il traffico del sito web, l'engagement sui social media e le metriche di vendita per identificare le aree di miglioramento e le opportunità.

Identificazione dei punti deboli: Identificare i punti deboli nelle strategie di marketing attuali. Ciò potrebbe includere aree in cui le prestazioni sono inferiori alle aspettative, segmenti di pubblico poco reattivi o canali di marketing poco efficaci.

Ricerca di nuove opportunità: Identificare nuove opportunità di marketing che potrebbero essere sfruttate. Questo potrebbe includere l'esplorazione di nuovi canali di marketing, l'analisi di nuovi segmenti di mercato o l'individuazione di trend emergenti che possono essere sfruttati per promuovere i prodotti o i servizi dell'azienda.

Test e sperimentazioni: Effettuare test e sperimentazioni per valutare l'efficacia di diverse strategie di marketing. Ciò potrebbe includere test A/B, test di messaggi pubblicitari, test di landing page o test di segmentazione di mercato. Monitorare attentamente i risultati e trarre conclusioni basate sui dati raccolti.

Personalizzazione delle strategie: Utilizzare i dati e le informazioni raccolte per personalizzare le strategie di marketing in base alle preferenze e ai comportamenti del pubblico di riferimento. Questo può aumentare l'efficacia delle attività di marketing e migliorare l'esperienza complessiva del cliente.

Monitoraggio e misurazione costante: Monitorare costantemente le prestazioni delle strategie di marketing utilizzando metriche e indicatori chiave. Effettuare regolarmente analisi dei dati per valutare il progresso e apportare eventuali modifiche o miglioramenti.

Adattamento alle tendenze di mercato: Tenere conto delle tendenze di mercato in continua evoluzione e adattare le strategie di marketing di conseguenza. Ciò può includere l'adozione di nuove tecnologie, l'integrazione di approcci di marketing digitale o l'attenzione all'aspetto sostenibile del marketing aziendale.

Valutazione dei risultati: Valutare periodicamente i risultati delle attività di marketing per determinare se gli obiettivi sono stati raggiunti. Esaminare il ritorno sull'investimento (ROI) e altre metriche di successo per determinare se le strategie di marketing sono efficaci e se sono necessarie modifiche.

L'ottimizzazione delle strategie di marketing richiede una mentalità basata sui dati, una continua ricerca di nuove opportunità e un approccio flessibile per adattarsi ai cambiamenti nel mercato. È importante tenere presente che le strategie di marketing possono richiedere tempo per produrre risultati significativi, quindi è necessario essere pazienti e costanti nel monitoraggio e nell'adattamento delle strategie.

Valutazione del Rendimento degli Investimenti (ROI)

La valutazione del Rendimento degli Investimenti (ROI) è una metrica essenziale per misurare l'efficacia delle attività di marketing e determinare il valore generato rispetto ai costi sostenuti. Il ROI indica il rapporto tra il guadagno ottenuto da un'attività di marketing e il costo dell'investimento effettuato per quella specifica attività.

Ecco alcuni passaggi per valutare il ROI delle attività di marketing:

Definire gli obiettivi: Prima di valutare il ROI, è necessario stabilire chiaramente gli obiettivi specifici delle attività di marketing. Ad esempio, l'obiettivo potrebbe essere aumentare le vendite, generare lead qualificati o migliorare la consapevolezza del marchio. Definire gli obiettivi aiuta a misurare i risultati in modo più accurato.

Monitoraggio delle spese di marketing: Tenere traccia di tutte le spese di marketing sostenute per le attività specifiche. Questo può includere costi pubblicitari, costi di produzione di contenuti, costi di sviluppo del sito web, spese di social media marketing e altre spese correlate alle campagne di marketing.

Misurazione dei risultati: Utilizzare metriche e indicatori chiave per misurare i risultati delle attività di marketing in relazione agli obiettivi prefissati. Ad esempio, se l'obiettivo era aumentare le vendite, monitorare il numero di vendite effettuate o l'aumento del fatturato generato dalle campagne di marketing.

Calcolo del ROI: Per calcolare il ROI, sottrarre il costo dell'investimento dalle entrate generate e dividere il risultato per il costo dell'investimento. La formula del ROI è la seguente:

ROI = [(Ricavi - Costi)/Costi] x 100

Ad esempio, se le entrate generate da un'attività di marketing sono di 10.000€ e il costo dell'investimento è di 5.000€, il ROI sarà [(10.000 - 5.000)/5.000] x 100 = 100%.

Analisi del ROI: Interpretare il valore del ROI per determinare l'efficacia delle attività di marketing. Un ROI positivo indica che le entrate generate superano i costi dell'investimento, indicando una buona performance. Al contrario, un ROI negativo indica che le entrate sono inferiori ai costi, suggerendo che le attività di marketing potrebbero richiedere ulteriori miglioramenti o modifiche.

Ottimizzazione delle attività di marketing: Utilizzare i risultati del ROI per ottimizzare le attività di marketing. Identificare le campagne o le strategie che hanno prodotto un ROI positivo e cercare di replicarne i successi. Allo stesso tempo, analizzare le attività che hanno generato un ROI negativo e apportare eventuali modifiche per migliorare i risultati.

Monitoraggio continuo: Continuare a monitorare il ROI nel tempo per valutare l'efficacia delle attività di marketing nel lungo periodo. Il ROI può variare in base a diversi fattori, quindi è importante valutare regolarmente il rendimento delle attività di marketing e apportare eventuali aggiustamenti necessari.

La valutazione del ROI fornisce una visione chiara sull'efficacia delle attività di marketing e aiuta a prendere decisioni informate sul budget e sulle strategie future. È importante tenere presente che il ROI può essere influenzato da molti fattori esterni, come le condizioni di mercato, i cambiamenti nel comportamento dei consumatori e le attività dei concorrenti, quindi è necessario valutare attentamente il contesto e adattarsi di conseguenza.

CAPITOLO 7

Marketing Internazionale e Globalizzazione

Il marketing internazionale si riferisce all'applicazione delle strategie e delle tattiche di marketing su scala globale per raggiungere i mercati internazionali. Con l'aumento della globalizzazione, molte aziende cercano opportunità di crescita oltre i confini nazionali e si impegnano nel marketing internazionale per espandere la propria presenza globale.

Ecco alcuni punti chiave del marketing internazionale e della sua relazione con la globalizzazione:

Ricerca di mercato internazionale: Prima di espandersi in nuovi mercati internazionali, le aziende devono condurre una ricerca di mercato approfondita per comprendere i diversi contesti culturali, le preferenze dei consumatori, le tendenze di mercato e la concorrenza. Questo aiuta a identificare le opportunità e ad adattare le strategie di marketing per il successo internazionale.

Adattamento delle strategie di marketing: Le aziende devono adattare le loro strategie di marketing per adattarsi alle specificità dei mercati internazionali. Ciò può includere la personalizzazione dei prodotti o dei servizi per soddisfare i bisogni e le preferenze dei consumatori locali, l'adattamento delle comunicazioni di marketing per rispettare le diverse culture e l'utilizzo di canali di distribuzione appropriati per raggiungere efficacemente il pubblico di destinazione.

Gestione della diversità culturale: Il marketing internazionale richiede una comprensione profonda delle diversità culturali presenti nei mercati di destinazione. È importante evitare stereotipi culturali e adottare una comunicazione e una promozione sensibili alla cultura locale. L'adattamento dei messaggi pubblicitari, dei simboli e dei toni di voce può contribuire a costruire una connessione più forte con i consumatori locali.

Localizzazione del marchio: La globalizzazione ha portato molte aziende a cercare di costruire un marchio riconoscibile a livello internazionale. Tuttavia, la localizzazione del marchio è fondamentale per adattare l'immagine e il posizionamento del marchio alle diverse culture e ai mercati locali. Ciò può richiedere la modifica del nome, del logo, dei colori e dei messaggi del marchio per rispecchiare i valori e le preferenze dei consumatori di diverse regioni.

Gestione della catena di distribuzione internazionale: Nel marketing internazionale, la gestione della catena di distribuzione assume un ruolo fondamentale. Le aziende devono prendere in considerazione le sfide logistiche, le differenze normative e le caratteristiche dei canali di distribuzione locali per garantire una distribuzione efficiente dei prodotti o dei servizi nei mercati internazionali.

Adattamento alle tendenze globali: Le aziende impegnate nel marketing internazionale devono rimanere aggiornate sulle tendenze globali che influenzano il comportamento dei consumatori e l'ambiente di business. Ciò include l'analisi delle dinamiche economiche, sociali, tecnologiche e politiche a livello globale per adattare le strategie di marketing e cogliere le opportunità emergenti.

In conclusione, il marketing internazionale è diventato essenziale per le aziende che cercano di espandersi a livello globale. La globalizzazione ha aperto nuove opportunità, ma richiede una comprensione approfondita dei mercati internazionali, delle diverse culture e dei comportamenti dei consumatori per ottenere successo.

Espansione nel Mercato Globale

L'espansione nel mercato globale è un obiettivo comune per molte aziende che desiderano raggiungere nuovi clienti e accrescere il proprio successo a livello internazionale. Ecco alcuni punti chiave da considerare durante il processo di espansione nel mercato globale:

Ricerca di mercato approfondita: Prima di espandersi in un nuovo mercato globale, è fondamentale condurre una ricerca di mercato approfondita per comprendere la cultura, i bisogni e le preferenze dei consumatori, la concorrenza e le opportunità di mercato. Questa analisi dettagliata consentirà di sviluppare una strategia di espansione mirata e di adattare le offerte aziendali per soddisfare le esigenze del nuovo mercato.

Analisi della concorrenza: Prima di entrare in un nuovo mercato globale, è importante valutare la concorrenza locale. Comprendere le aziende concorrenti, le loro offerte di prodotti o servizi, i prezzi, le strategie di marketing e le loro posizioni sul mercato può fornire preziose informazioni per sviluppare un'adeguata strategia di posizionamento e differenziazione.

Sviluppo di una strategia di marketing globale: Una volta comprese le caratteristiche del mercato di destinazione, è necessario sviluppare una strategia di marketing globale coerente. Questo dovrebbe includere l'adattamento delle offerte di prodotti o servizi per soddisfare le esigenze e le preferenze dei consumatori locali, la definizione di un posizionamento competitivo e la pianificazione di attività di marketing mirate per raggiungere il pubblico di destinazione.

Adattamento culturale: La cultura svolge un ruolo fondamentale nel successo dell'espansione nel mercato globale. È importante comprendere e rispettare le diverse norme culturali, le abitudini di consumo e le preferenze dei consumatori nel nuovo mercato. L'adattamento dei messaggi di marketing, dei canali di distribuzione e delle strategie promozionali in base alle caratteristiche culturali può contribuire a creare una connessione più forte con il pubblico di destinazione.

Gestione delle operazioni internazionali: L'espansione nel mercato globale richiede anche una gestione efficace delle operazioni internazionali. Ciò può includere la creazione di partnership locali, l'apertura di filiali o uffici all'estero, la gestione della catena di distribuzione globale, la gestione delle risorse umane internazionali e il rispetto delle normative e delle leggi locali.

Adattamento alle esigenze logistiche e di distribuzione: Ogni mercato globale ha le sue sfide logistiche e di distribuzione uniche. È importante considerare l'infrastruttura logistica, i canali di distribuzione disponibili e le normative locali per garantire una consegna efficiente dei prodotti o servizi al pubblico di destinazione.

Monitoraggio e adattamento continui: L'espansione nel mercato globale è un processo dinamico che richiede un monitoraggio continuo delle prestazioni, dei feedback dei clienti e delle tendenze di mercato. È importante adattare e ottimizzare le strategie di marketing in base alle nuove informazioni e alle nuove opportunità che emergono nel corso del tempo.

In sintesi, l'espansione nel mercato globale richiede una pianificazione strategica accurata, una comprensione approfondita del mercato di destinazione e una capacità di adattamento alle esigenze locali. Con una solida strategia di marketing globale e una gestione attenta delle operazioni internazionali, le aziende possono raggiungere il successo nell'espansione globale.

Adattamento della Strategia di Marketing ai Mercati Internazionali

L'adattamento della strategia di marketing ai mercati internazionali è essenziale per raggiungere il successo nelle operazioni internazionali. Ogni mercato ha le sue peculiarità culturali, economiche, sociali e normative, che richiedono un approccio personalizzato per soddisfare le esigenze dei consumatori locali. Ecco alcuni punti chiave da considerare per adattare la strategia di marketing ai mercati internazionali:

Comprendere il contesto culturale: Ogni cultura ha le sue tradizioni, valori, norme sociali e modelli di comportamento unici. È importante studiare e comprendere il contesto culturale del mercato di destinazione, inclusi fattori come il linguaggio, i simboli, i colori, le abitudini di consumo e le preferenze di comunicazione. Questo aiuta a evitare malintesi culturali e a sviluppare messaggi di marketing rilevanti e appropriati.

Adattare il prodotto o servizio: I prodotti o servizi possono richiedere adattamenti per soddisfare le esigenze e i gusti dei consumatori locali. Ciò può comportare la modifica del design, delle funzionalità, delle dimensioni, degli ingredienti o degli aspetti del servizio per adattarsi alle preferenze dei consumatori nel mercato di destinazione. L'obiettivo è offrire un'offerta che risponda in modo efficace ai bisogni dei clienti locali.

Personalizzare la comunicazione di marketing: La comunicazione di marketing deve essere adattata alle preferenze linguistiche, culturali e comunicative dei consumatori locali. Ciò può includere la traduzione dei messaggi in lingue locali, l'utilizzo di influencer o ambasciatori di marca locali, l'adattamento degli stili di comunicazione e dei toni di voce per rispecchiare la cultura e le aspettative dei consumatori locali.

Scegliere i canali di distribuzione appropriati: La scelta dei canali di distribuzione giusti è cruciale per raggiungere i consumatori nel mercato di destinazione. È importante considerare i canali di distribuzione preferiti dai consumatori locali e le pratiche commerciali locali. Questo può includere partnership con distributori locali, utilizzo di piattaforme di e-commerce o presenza in punti vendita fisici.

Adattarsi alle normative e alle leggi locali: Ogni mercato internazionale ha normative e leggi specifiche che regolamentano le attività di marketing. È fondamentale comprendere e conformarsi a queste normative, inclusa la pubblicità, la promozione, la privacy dei dati e le norme di protezione dei consumatori. L'adattamento della strategia di marketing alle normative locali contribuirà a evitare problemi legali e a costruire una reputazione positiva.

Monitorare e adattarsi ai feedback dei consumatori: È importante raccogliere e analizzare i feedback dei consumatori locali per comprendere come il prodotto o il servizio viene percepito nel mercato di destinazione. I commenti e le recensioni dei clienti possono fornire informazioni preziose per apportare miglioramenti e adattamenti alla strategia di marketing.

In sintesi, l'adattamento della strategia di marketing ai mercati internazionali richiede una profonda comprensione del contesto culturale e delle esigenze dei consumatori locali. È un processo continuo che richiede flessibilità e capacità di adattamento alle dinamiche di ciascun mercato internazionale.

Sfide e Opportunità del Marketing Globale

Il marketing globale presenta una serie di sfide e opportunità uniche per le aziende che cercano di espandersi a livello internazionale. Ecco alcune delle principali sfide e opportunità del marketing globale:

Sfide del Marketing Globale:

Diversità culturale: I mercati globali sono caratterizzati da diversità culturale, che richiede alle aziende di adattare le strategie di marketing per rispettare norme sociali, usanze, tradizioni e preferenze dei consumatori locali. La comprensione approfondita delle differenze culturali e la capacità di adattarsi sono fondamentali per il successo nel marketing globale.

Barriere linguistiche: La diversità linguistica è un'altra sfida nel marketing globale. Le aziende devono affrontare la necessità di comunicare in lingue diverse e tradurre accuratamente i messaggi di marketing per raggiungere i consumatori locali in modo efficace. Ciò richiede una buona gestione delle traduzioni e una considerazione attenta dei modi in cui le parole e i messaggi possono essere interpretati in diverse lingue.

Adattamento dei prodotti e servizi: I prodotti e i servizi possono richiedere adattamenti per soddisfare le esigenze dei consumatori nei diversi mercati globali. Le preferenze, i bisogni e le abitudini dei consumatori possono variare a seconda del paese o della regione, rendendo necessario apportare modifiche ai prodotti o ai servizi offerti per adattarli alle esigenze locali.

Concorrenza globale: L'espansione nel mercato globale significa affrontare una concorrenza più ampia e spesso più intensa. Le aziende devono competere non solo con i concorrenti locali, ma anche con altre aziende internazionali che cercano di conquistare la stessa quota di mercato. Ciò richiede una strategia di marketing efficace per differenziarsi e distinguersi dalla concorrenza.

Opportunità del Marketing Globale:

Nuovi mercati e clienti: L'espansione nel mercato globale offre alle aziende l'opportunità di accedere a nuovi mercati e raggiungere un numero maggiore di clienti. Ciò può consentire una crescita significativa delle vendite e dell'appeal del marchio.

Sfruttamento delle economie di scala: La presenza in diversi mercati globali può consentire alle aziende di beneficiare delle economie di scala, producendo e distribuendo i loro prodotti o servizi in modo più efficiente. Questo può portare a una maggiore redditività e a una migliore competitività sul mercato globale.

Innovazione e apprendimento: L'espansione internazionale può stimolare l'innovazione e l'apprendimento all'interno delle aziende. L'entrata in nuovi mercati può richiedere nuove strategie di marketing, nuovi approcci ai prodotti o servizi e una maggiore adattabilità. Ciò può portare a una crescita e a un'evoluzione dell'azienda nel suo complesso.

Sinergie tra mercati: L'espansione globale può consentire alle aziende di trarre vantaggio dalle sinergie tra i mercati. Ciò significa che le conoscenze e le esperienze acquisite in un mercato possono essere applicate e trasferite ad altri mercati, consentendo di ottimizzare le risorse e migliorare l'efficacia delle strategie di marketing.

In conclusione, il marketing globale offre sia sfide che opportunità per le aziende. È necessario affrontare le sfide legate alla diversità culturale, alle barriere linguistiche, all'adattamento dei prodotti e alla concorrenza globale, ma ci sono anche opportunità di accedere a nuovi mercati, sfruttare economie di scala, promuovere l'innovazione e beneficiare delle sinergie tra mercati. Una pianificazione strategica attenta e una comprensione approfondita dei mercati di destinazione sono essenziali per affrontare con successo il marketing globale.

Gestione della Diversità Culturale e delle Barriere Linguistiche

La gestione della diversità culturale e delle barriere linguistiche è fondamentale per il successo delle operazioni di marketing globale. Ecco alcune strategie per affrontare queste sfide:

Ricerca e comprensione del mercato di destinazione: Prima di entrare in un nuovo mercato, è essenziale condurre una ricerca approfondita sulle caratteristiche culturali, sociali ed economiche del mercato di destinazione. Questo include lo studio delle norme culturali, dei valori, delle abitudini di consumo e delle preferenze linguistiche. Una buona comprensione del contesto culturale aiuterà a sviluppare strategie di marketing adatte alle esigenze dei consumatori locali.

Adattamento del messaggio di marketing: È fondamentale adattare i messaggi di marketing per rispecchiare la cultura, i valori e le preferenze linguistiche dei consumatori nel mercato di destinazione. Ciò può richiedere la traduzione dei contenuti in lingua locale e l'utilizzo di linguaggio, toni e simboli che siano pertinenti e accattivanti per il pubblico di riferimento. È importante evitare traduzioni letterali che potrebbero risultare fuori contesto o offensivi.

Collaborazione con professionisti locali: Collaborare con professionisti del marketing e traduttori locali può essere un'ottima strategia per affrontare le barriere linguistiche e culturali. Queste persone possono offrire una conoscenza approfondita del mercato locale e fornire consulenza su come adattare efficacemente i messaggi di marketing alle esigenze dei consumatori locali. Inoltre, possono garantire una corretta traduzione e interpretazione dei contenuti.

Adattamento dei prodotti e dei servizi: È possibile che sia necessario adattare i prodotti o i servizi per rispondere alle esigenze dei consumatori locali. Ciò può includere modifiche nel design, nelle funzionalità, negli ingredienti o nella confezione dei prodotti, così come nell'adattamento dei servizi alle abitudini e alle preferenze dei consumatori nel mercato di destinazione. L'obiettivo è offrire una soluzione che sia rilevante e attraente per i consumatori locali.

Sensibilità culturale: È importante essere sensibili alle differenze culturali e rispettare le norme e le tradizioni locali. Ciò può influire sulla scelta dei canali di comunicazione, dei messaggi promozionali, dei simboli e delle immagini utilizzate nelle campagne di marketing. Evitare stereotipi culturali e adottare un approccio rispettoso e inclusivo sono elementi chiave per costruire una buona reputazione aziendale nel mercato internazionale.

Monitoraggio e adattamento: È fondamentale monitorare costantemente le risposte e i feedback dei consumatori nel mercato di destinazione. Ciò consente di identificare eventuali problematiche o opportunità di miglioramento e apportare le necessarie modifiche alle strategie di marketing. Il monitoraggio delle metriche chiave di performance e l'ascolto attivo dei clienti consentono di adattarsi in modo rapido ed efficace alle esigenze del mercato.

Affrontare la diversità culturale e le barriere linguistiche richiede flessibilità, apertura mentale e capacità di adattamento da parte delle aziende. Una buona gestione di queste sfide può consentire alle aziende di creare connessioni significative con i consumatori locali e costruire relazioni di fiducia, favorendo così il successo nel mercato globale.

CAPITOLO 8

Etica e Responsabilità Sociale d'Impresa nel Marketing

L'etica e la responsabilità sociale d'impresa (CSR) sono elementi fondamentali del marketing moderno. Le aziende sono sempre più consapevoli dell'importanza di condurre le proprie attività in modo etico e responsabile verso la società e l'ambiente. Ecco come l'etica e la CSR si integrano nel contesto del marketing:

Trasparenza e veridicità: Le aziende devono essere oneste e trasparenti nella comunicazione con i consumatori. Le informazioni sui prodotti o servizi devono essere accurate, evitando promesse ingannevoli o affermazioni non verificabili. La veridicità nelle comunicazioni di marketing è essenziale per costruire fiducia e credibilità tra l'azienda e i consumatori.

Responsabilità ambientale: Le aziende devono assumersi la responsabilità di ridurre l'impatto ambientale delle loro attività di marketing. Ciò include l'adozione di pratiche sostenibili nella produzione, nella distribuzione e nella comunicazione dei prodotti o servizi. Ad esempio, l'utilizzo di materiali riciclabili, l'implementazione di processi di produzione eco-compatibili e la promozione di comportamenti sostenibili tra i consumatori.

Rispetto dei diritti dei consumatori: Le aziende devono rispettare i diritti dei consumatori, come la privacy, la sicurezza e la protezione dei dati personali. Devono adottare politiche di gestione delle informazioni che tutelino la privacy dei consumatori e rispettino le leggi e le norme vigenti in materia di protezione dei dati.

Diversità e inclusione: Il marketing etico e responsabile promuove l'inclusione e rispetta la diversità culturale, sociale e di genere. Le aziende devono evitare stereotipi dannosi o discriminatori nelle loro comunicazioni di marketing e lavorare per rappresentare in modo equo e inclusivo tutte le persone nel loro pubblico di riferimento.

Coinvolgimento della comunità: Le aziende devono essere attive nella comunità in cui operano, contribuendo al suo sviluppo e alla sua prosperità. Ciò può includere il supporto a iniziative sociali, il coinvolgimento in progetti di beneficenza, il sostegno all'istruzione e all'occupazione locale, e il promuovere la responsabilità sociale tra i propri dipendenti e partner commerciali.

Marketing etico online: Nel contesto del marketing digitale, l'etica assume un ruolo ancora più rilevante. Le aziende devono rispettare le norme di pubblicità online, evitare pratiche di spamming, garantire la sicurezza delle transazioni online e proteggere i dati dei consumatori.

Un'etica forte e una responsabilità sociale d'impresa solida nel marketing non solo consentono alle aziende di creare valore a lungo termine per gli stakeholder, ma possono anche contribuire a costruire una reputazione positiva e a ottenere un vantaggio competitivo sul mercato.

Etica nell'attività di Marketing

L'etica nell'attività di marketing riguarda l'applicazione dei principi morali e dei valori etici nelle decisioni e nelle azioni di marketing. Ciò implica agire in modo responsabile e onesto, tenendo conto del benessere dei consumatori, della società e dell'ambiente. Ecco alcuni principi etici che dovrebbero guidare l'attività di marketing:

Verità e trasparenza: L'etica richiede che le informazioni fornite ai consumatori siano accurate, complete e non ingannevoli. Le promesse fatte nei messaggi di marketing devono essere mantenute e i consumatori devono essere informati in modo trasparente sui prodotti, i servizi e le condizioni di vendita.

Rispetto dei diritti dei consumatori: L'etica richiede di rispettare i diritti dei consumatori, come la privacy, la sicurezza e la libertà di scelta. Le aziende devono gestire i dati personali dei consumatori in modo sicuro e rispettare le leggi e le normative sulla privacy. Inoltre, devono garantire che i consumatori abbiano la libertà di scegliere e di prendere decisioni informate.

Responsabilità sociale: L'etica nel marketing implica l'assunzione di responsabilità sociale d'impresa. Le aziende dovrebbero considerare l'impatto delle proprie attività di marketing sulla società e sull'ambiente. Ciò include l'adozione di pratiche sostenibili, il sostegno alle comunità locali, la promozione dell'inclusione sociale e l'impegno per il bene comune.

Evitare la manipolazione: L'etica richiede di evitare la manipolazione dei consumatori attraverso tecniche ingannevoli o coercitive. Le pratiche di marketing dovrebbero essere basate sulla creazione di valore reale per i consumatori e sul rispetto delle loro decisioni autonome.

Trattamento equo e non discriminatorio: L'etica richiede il trattamento equo e non discriminatorio di tutti i consumatori. Le aziende dovrebbero evitare discriminazioni basate su razza, etnia, genere, orientamento sessuale, religione o altre caratteristiche personali. Il marketing dovrebbe essere inclusivo e rispettoso della diversità dei consumatori.

Responsabilità nel targeting: L'etica richiede una responsabilità nel targeting dei consumatori. Le aziende dovrebbero evitare di rivolgersi a minori con prodotti o servizi inappropriati o dannosi. Inoltre, dovrebbero evitare di approfittare di consumatori vulnerabili o manipolare le loro debolezze.

È importante sottolineare che l'etica nell'attività di marketing è un impegno continuo e richiede una valutazione critica delle pratiche aziendali. Le aziende dovrebbero sviluppare e adottare codici etici chiari, coinvolgere tutti gli attori coinvolti nel processo decisionale e monitorare costantemente le proprie azioni per garantire l'aderenza ai principi etici.

Marketing Sostenibile e Rispetto dell'Ambiente

Il marketing sostenibile si riferisce alla pratica di condurre attività di marketing in modo che sia rispettoso dell'ambiente e promuova la sostenibilità. Considerando le sfide ambientali globali, il marketing sostenibile è diventato sempre più importante per le aziende che desiderano avere un impatto positivo sull'ambiente e rispondere alle aspettative dei consumatori attenti all'ambiente. Ecco alcuni principi chiave del marketing sostenibile:

Produzione sostenibile: Le aziende che si impegnano per il marketing sostenibile devono valutare e ridurre l'impatto ambientale dei propri processi di produzione. Ciò può includere l'utilizzo di materiali sostenibili, la riduzione dei rifiuti, l'adozione di pratiche di riciclaggio e la gestione responsabile delle risorse naturali.

Promozione di prodotti ecologici: Il marketing sostenibile promuove prodotti o servizi che sono ecologicamente sostenibili. Questi prodotti possono essere realizzati utilizzando materiali riciclati, essere privi di sostanze chimiche nocive, essere energeticamente efficienti o promuovere stili di vita sostenibili. Le aziende possono evidenziare le caratteristiche ecologiche dei propri prodotti attraverso strategie di marketing mirate.

Educazione dei consumatori: Il marketing sostenibile non riguarda solo la promozione di prodotti ecologici, ma anche l'educazione dei consumatori sulle pratiche sostenibili. Le aziende possono informare i consumatori sui vantaggi di adottare comportamenti sostenibili, offrendo suggerimenti su come ridurre l'impatto ambientale e incoraggiando l'adozione di stili di vita eco-friendly.

Packaging sostenibile: Il packaging è un aspetto critico del marketing sostenibile. Le aziende dovrebbero utilizzare materiali riciclabili o biodegradabili per i propri imballaggi e ridurre l'eccesso di materiale di imballaggio. Inoltre, possono comunicare in modo trasparente le informazioni sul riciclo e sul corretto smaltimento del packaging.

Collaborazione con fornitori sostenibili: Il marketing sostenibile implica anche la collaborazione con fornitori che adottano pratiche sostenibili. Le aziende possono selezionare partner che condividono gli stessi valori e impegnarsi a lavorare insieme per ridurre l'impatto ambientale lungo l'intera catena di approvvigionamento.

Coinvolgimento nella comunità: Le aziende che abbracciano il marketing sostenibile spesso si impegnano anche nella comunità in cui operano. Possono partecipare a iniziative di responsabilità sociale, sostenere progetti di conservazione ambientale o promuovere la sensibilizzazione sulla sostenibilità tra i propri dipendenti e i consumatori.

L'adozione di pratiche di marketing sostenibile non solo può contribuire a preservare l'ambiente, ma può anche generare benefici per le aziende. I consumatori sono sempre più interessati a marchi e prodotti sostenibili, e le aziende che dimostrano un impegno per la sostenibilità possono guadagnare la fiducia e la fedeltà dei clienti. Inoltre, l'efficienza nell'uso delle risorse può portare a risparmi di costo e a una maggiore competitività nel lungo termine.

Coinvolgimento nella Comunità e Causa Sociale

Il coinvolgimento nella comunità e l'impegno in cause sociali rappresentano una componente importante del marketing aziendale, nonché un modo per creare un impatto positivo sulla società. Quando le aziende si impegnano in attività di responsabilità sociale d'impresa e si uniscono a cause sociali significative, possono ottenere diversi benefici:

Costruzione di una reputazione positiva: Il coinvolgimento nella comunità e l'impegno in cause sociali aiutano a costruire una reputazione positiva per l'azienda. Mostrare un interesse genuino per il benessere della società e contribuire al miglioramento delle comunità può aumentare la fiducia e la percezione positiva dei consumatori nei confronti del marchio.

Differenziazione dalla concorrenza: Il coinvolgimento nella comunità e l'impegno in cause sociali possono differenziare un'azienda dalla concorrenza. Le aziende che dimostrano una forte responsabilità sociale possono attrarre l'attenzione dei consumatori e distinguersi come un'opzione preferita rispetto ai concorrenti che non hanno un impegno simile.

Coinvolgimento dei consumatori: Le aziende che si impegnano in cause sociali possono coinvolgere i consumatori in modo più significativo. L'associazione con una causa sociale può suscitare un senso di appartenenza e connessione emotiva nei confronti del marchio, incoraggiando i consumatori ad essere più fedeli e a sostenere l'azienda.

Attrazione e ritenzione dei talenti: Il coinvolgimento nella comunità e l'impegno in cause sociali possono anche attrarre e trattenere talenti. I dipendenti sono spesso motivati da un senso di scopo e dall'opportunità di contribuire a una causa significativa. Le aziende che dimostrano un forte impegno sociale possono attrarre professionisti qualificati e mantenere un team impegnato e motivato.

Impatto positivo sulla società: Oltre ai benefici aziendali, il coinvolgimento nella comunità e l'impegno in cause sociali hanno un impatto diretto e positivo sulla società. Le aziende possono sostenere organizzazioni no-profit, promuovere l'uguaglianza, la sostenibilità ambientale, l'istruzione o altre cause rilevanti per la comunità. Contribuire a un cambiamento positivo può avere un impatto duraturo sulla società e migliorare la qualità della vita delle persone.

Tuttavia, è importante che l'impegno in cause sociali sia autentico e coerente con i valori e la missione dell'azienda. Le azioni devono essere trasparenti e basate su un vero desiderio di fare la differenza, evitando il cosiddetto "greenwashing" o l'utilizzo di cause sociali a fini puramente di marketing. L'autenticità e la coerenza sono fondamentali per costruire rapporti di fiducia con i consumatori e la comunità.

Affrontare le Preoccupazioni Etiche nel Marketing

Affrontare le preoccupazioni etiche nel marketing è fondamentale per costruire un'immagine di marca solida e mantenere la fiducia dei consumatori. Alcune delle principali preoccupazioni etiche nel marketing includono:

Veridicità delle informazioni: È importante fornire informazioni accurate e veritiere sui prodotti o servizi offerti. L'azienda deve evitare pratiche ingannevoli o fuorvianti che potrebbero indurre i consumatori in errore.

Rispetto della privacy dei consumatori: Nel marketing digitale, è essenziale rispettare la privacy dei consumatori e ottenere il loro consenso per la raccolta e l'utilizzo dei dati personali. Le aziende devono aderire alle leggi sulla privacy e garantire la sicurezza delle informazioni dei clienti.

Responsabilità sociale: Le aziende devono considerare l'impatto delle proprie azioni sulle persone, l'ambiente e la società nel suo complesso. Devono evitare pratiche che possano causare danni, sfruttamento o discriminazione.

Trasparenza nelle pratiche di marketing: Le aziende devono essere trasparenti nelle loro pratiche di marketing, comunicando in modo chiaro e onesto con i consumatori. Questo include la divulgazione delle informazioni sui prezzi, le politiche di restituzione, le condizioni di garanzia e altre informazioni pertinenti.

Rispetto della concorrenza leale: Le aziende devono impegnarsi a competere in modo leale, evitando pratiche sleali o anti-concorrenziali che potrebbero danneggiare altre aziende o ingannare i consumatori.

Per affrontare queste preoccupazioni etiche, le aziende possono adottare diverse strategie:

Creare e applicare un codice etico: Un codice etico aziendale chiaro può guidare il comportamento etico dei dipendenti e garantire che le pratiche di marketing siano eticamente responsabili.

Formazione e sensibilizzazione: Formare i dipendenti sulle pratiche etiche di marketing e promuovere la sensibilizzazione etica all'interno dell'organizzazione.

Monitoraggio e controllo: Implementare meccanismi di monitoraggio e controllo per assicurarsi che le pratiche di marketing siano conformi agli standard etici stabiliti.

Coinvolgimento degli stakeholder: Coinvolgere gli stakeholder, inclusi i consumatori, nella definizione delle politiche e delle pratiche di marketing per comprendere meglio le loro aspettative e garantire una maggiore trasparenza.

Collaborazione con organizzazioni etiche: Collaborare con organizzazioni o enti che promuovono l'etica nel marketing e aderire a standard o certificazioni etiche riconosciute.

Affrontare le preoccupazioni etiche nel marketing richiede un impegno continuo da parte delle aziende per garantire che le loro pratiche siano in linea con i principi etici e che rispettino i valori fondamentali dell'integrità, della responsabilità e del rispetto.

CAPITOLO 9

Innovazione e Tendenze Future nel Marketing Aziendale

L'innovazione è un elemento cruciale per il successo nel marketing aziendale. Le aziende devono rimanere al passo con le tendenze in continua evoluzione e adottare nuove strategie per soddisfare le esigenze dei consumatori e mantenere un vantaggio competitivo. Di seguito sono riportate alcune delle tendenze e delle innovazioni attuali nel marketing aziendale:

Marketing digitale avanzato: Con l'aumento dell'utilizzo di dispositivi digitali e della connettività, il marketing digitale continuerà a crescere in importanza. Questo include l'uso di strumenti e canali digitali come i social media, la pubblicità online, l'email marketing, il content marketing e l'ottimizzazione dei motori di ricerca (SEO) per raggiungere il pubblico target in modo più efficace.

Intelligenza artificiale (AI) e automazione: L'AI sta trasformando il modo in cui le aziende gestiscono il marketing. L'uso di algoritmi e di intelligenza artificiale consente di analizzare grandi quantità di dati, personalizzare le esperienze dei clienti, automatizzare i processi di marketing e fornire raccomandazioni personalizzate.

Esperienza del cliente: L'attenzione sul cliente e l'enfasi sull'esperienza del cliente continueranno a crescere. Le aziende si concentreranno sempre più sull'offerta di esperienze coinvolgenti, personalizzate e memorabili ai clienti in tutti i punti di contatto.

Marketing influencer: L'utilizzo di influencer, persone che hanno una grande base di seguaci su piattaforme di social media, sta diventando sempre più diffuso nel marketing aziendale. Le aziende collaborano con influencer rilevanti per promuovere i loro prodotti o servizi e raggiungere il loro pubblico di riferimento in modo autentico.

Video marketing: I video hanno un impatto significativo sui consumatori e vengono sempre più utilizzati come strumento di marketing. I video possono essere utilizzati per raccontare storie, dimostrare prodotti, fornire tutorial e coinvolgere il pubblico in modo più efficace rispetto ad altri formati di contenuto.

Personalizzazione: La personalizzazione è diventata essenziale nel marketing. Le aziende stanno utilizzando dati e tecnologie per offrire contenuti e offerte personalizzate ai consumatori, aumentando l'impatto e la rilevanza delle loro campagne di marketing.

Marketing esperienziale: Il marketing esperienziale si concentra sull'offerta di esperienze coinvolgenti e interattive ai consumatori. Questo può includere eventi, mostre, esperienze di marca immersive e interazioni in-store.

Sostenibilità e responsabilità sociale d'impresa: I consumatori sono sempre più attenti all'impatto ambientale e sociale delle aziende. Le aziende che integrano la sostenibilità e la responsabilità sociale d'impresa nella loro strategia di marketing possono guadagnare la fiducia dei consumatori e distinguersi dalla concorrenza.

Marketing basato sulla localizzazione: Grazie alla geolocalizzazione e alle tecnologie mobili, le aziende possono personalizzare le loro offerte e le loro comunicazioni in base alla posizione geografica dei consumatori, offrendo promozioni e informazioni localmente rilevanti.

Marketing predittivo: L'analisi dei dati e l'uso di algoritmi predittivi consentono alle aziende di anticipare le esigenze e i comportamenti dei consumatori, migliorando l'efficacia delle loro strategie di marketing.

Queste sono solo alcune delle tendenze e delle innovazioni nel marketing aziendale. È importante che le aziende rimangano aperte al cambiamento e si adattino alle nuove tecnologie, alle preferenze dei consumatori e alle dinamiche di mercato per mantenere un vantaggio competitivo.

Innovazione nel Marketing Aziendale

L'innovazione nel marketing aziendale è essenziale per adattarsi ai cambiamenti del mercato, raggiungere i clienti in modo efficace e ottenere un vantaggio competitivo. Ecco alcune aree di innovazione nel marketing aziendale:

Tecnologie digitali avanzate: L'adozione di tecnologie avanzate come l'intelligenza artificiale, l'apprendimento automatico, l'automazione dei processi e l'Internet delle cose (IoT) consente alle aziende di analizzare grandi quantità di dati, personalizzare l'esperienza del cliente, automatizzare le attività di marketing e prendere decisioni basate su informazioni approfondite.

Marketing basato sui dati: L'analisi dei dati è diventata fondamentale per comprendere il comportamento dei consumatori, identificare tendenze di mercato, misurare l'efficacia delle campagne di marketing e prendere decisioni informate. Le aziende stanno utilizzando strumenti di analisi avanzati per raccogliere, elaborare e interpretare i dati in modo da guidare le loro strategie di marketing.

Personalizzazione e segmentazione avanzata: Le aziende stanno adottando approcci di marketing sempre più personalizzati, utilizzando dati e tecnologie per fornire contenuti, offerte e esperienze rilevanti ai singoli clienti. La segmentazione avanzata permette di identificare gruppi di clienti specifici con caratteristiche comuni e di creare strategie mirate per ciascun segmento.

Marketing esperienziale: L'esperienza del cliente è diventata un elemento centrale nel marketing aziendale. Le aziende stanno cercando di creare esperienze coinvolgenti, memorabili e multisensoriali che vanno oltre il semplice acquisto di un prodotto o servizio. Questo può includere eventi, esperienze di marca, storytelling emozionale e interazioni in-store o online.

Marketing sociale e influencer marketing: I social media hanno trasformato il modo in cui le aziende si impegnano con i consumatori. Le aziende stanno utilizzando le piattaforme di social media per creare relazioni autentiche con i clienti, sviluppare comunità online e sfruttare l'influenza degli influencer per promuovere i loro prodotti o servizi.

Marketing basato sulla responsabilità sociale d'impresa: Le aziende stanno abbracciando la responsabilità sociale d'impresa come parte delle loro strategie di marketing. L'impegno per la sostenibilità, l'inclusione sociale e il supporto a cause sociali è diventato un elemento distintivo per molte aziende, che comunicano questi valori ai consumatori attraverso le loro attività di marketing.

Marketing mobile: Con l'aumento dell'uso di dispositivi mobili, le aziende stanno adattando le loro strategie di marketing per raggiungere i consumatori attraverso dispositivi mobili. Ciò include l'ottimizzazione dei siti web per i dispositivi mobili, lo sviluppo di app mobili e l'utilizzo di tecniche di marketing mobile come la geo-localizzazione e la messaggistica push.

Marketing di esperienza virtuale e aumentata: La realtà virtuale e aumentata stanno aprendo nuove opportunità nel marketing aziendale. Le aziende stanno sfruttando queste tecnologie per offrire esperienze coinvolgenti, immersive e interattive ai consumatori, consentendo loro di sperimentare i prodotti o servizi in modo virtuale.

L'innovazione nel marketing aziendale richiede una mentalità aperta al cambiamento, l'adozione di nuove tecnologie, l'ascolto dei bisogni dei consumatori e una costante ricerca di nuove opportunità per raggiungere e coinvolgere i clienti in modo efficace.

Intelligenza Artificiale e Automazione nel Marketing

L'intelligenza artificiale (IA) e l'automazione stanno rivoluzionando il campo del marketing aziendale, consentendo alle aziende di migliorare l'efficienza, l'accuratezza e l'efficacia delle loro attività di marketing. Ecco alcuni modi in cui l'IA e l'automazione vengono utilizzate nel marketing:

Analisi dei dati avanzata: L'IA può analizzare grandi quantità di dati in modo rapido ed efficiente, consentendo alle aziende di ottenere insight approfonditi sul comportamento dei consumatori, le tendenze di mercato e le prestazioni delle campagne di marketing. L'IA può identificare modelli, correlazioni e segmentazioni che sarebbero difficili da individuare manualmente.

Personalizzazione dell'esperienza del cliente: Grazie all'IA, le aziende possono creare esperienze di marketing altamente personalizzate per i singoli clienti. L'IA può raccogliere e analizzare dati sugli interessi, le preferenze e il comportamento dei clienti per offrire contenuti, offerte e suggerimenti mirati che risuonano con i singoli clienti.

Automazione delle attività di marketing: L'automazione consente alle aziende di automatizzare processi e attività ripetitive del marketing, riducendo il carico di lavoro manuale e consentendo al personale di concentrarsi su attività di valore aggiunto. Ad esempio, l'automazione può essere utilizzata per l'invio di e-mail, la gestione dei social media, la programmazione delle campagne pubblicitarie e altro ancora.

Chatbot e assistenti virtuali: L'IA viene utilizzata per creare chatbot e assistenti virtuali che possono interagire con i clienti in modo automatico e fornire assistenza e supporto. I chatbot possono rispondere a domande comuni, fornire informazioni sui prodotti o servizi e persino effettuare vendite o prenotazioni.

Ottimizzazione delle campagne di marketing: L'IA può ottimizzare le campagne di marketing in tempo reale, analizzando i dati in tempo reale e apportando modifiche alle offerte, ai messaggi e alle strategie per massimizzare i risultati. L'IA può adattarsi e apprendere dalle risposte dei clienti, migliorando costantemente le performance delle campagne.

Ricerca di nuove opportunità di mercato: L'IA può analizzare i dati di mercato e individuare nuove opportunità di mercato, nuovi segmenti di clientela o nuovi trend. Ciò consente alle aziende di identificare aree di crescita potenziale e sviluppare strategie di marketing mirate per sfruttare queste opportunità.

L'integrazione di intelligenza artificiale e automazione nel marketing offre alle aziende la possibilità di ottimizzare le proprie attività, migliorare l'esperienza del cliente e ottenere un vantaggio competitivo nel mercato sempre più digitale e competitivo di oggi.

Marketing esperienzale e personalizzate
Il marketing esperienziale e la personalizzazione
sono due approcci fondamentali per creare un
legame emotivo e significativo con i clienti.
Vediamo di cosa si tratta:

Marketing esperienziale: Il marketing
esperienziale si concentra sull'offrire ai clienti
esperienze coinvolgenti e memorabili. Non si
tratta solo di promuovere un prodotto o un
servizio, ma di creare un'esperienza che
coinvolga i sensi, le emozioni e i valori dei
clienti. Le aziende cercano di stimolare le
emozioni positive dei clienti attraverso l'uso di
storytelling, eventi, interazioni fisiche o virtuali e
atmosfere coinvolgenti. L'obiettivo è creare un
ricordo duraturo dell'esperienza che influenzi
positivamente la percezione del marchio da
parte dei clienti.

Personalizzazione: La personalizzazione nel marketing si basa sulla comprensione delle esigenze, dei gusti e dei comportamenti individuali dei clienti. Le aziende raccolgono dati sui clienti e utilizzano tecniche di segmentazione per creare offerte, contenuti e comunicazioni mirati che rispondano alle esigenze specifiche di ciascun cliente. La personalizzazione può manifestarsi in diversi modi, come l'invio di messaggi personalizzati, la raccomandazione di prodotti basata sui precedenti acquisti o le preferenze dichiarate, la personalizzazione dell'interfaccia utente o l'offerta di esperienze su misura.

La combinazione di marketing esperienziale e personalizzazione consente alle aziende di creare un legame più forte con i clienti, aumentando la fedeltà e l'engagement. Alcuni benefici chiave di questi approcci includono:

Connessione emotiva: L'esperienza coinvolgente e personalizzata crea un legame emotivo tra il cliente e il marchio. I clienti si sentono valorizzati, compresi e desiderosi di impegnarsi con l'azienda in modo più profondo.

Fidelizzazione dei clienti: La personalizzazione delle offerte e delle esperienze soddisfa le esigenze specifiche dei clienti, aumentando la probabilità che rimangano fedeli al marchio nel tempo. La creazione di esperienze memorabili aumenta anche la probabilità che i clienti consiglino il marchio ad amici e familiari.

Differenziazione competitiva: Il marketing esperienziale e la personalizzazione possono differenziare un'azienda dalla concorrenza. Offrire esperienze uniche e personalizzate può essere un fattore decisivo nella scelta dei consumatori tra marchi concorrenti.

Incremento delle vendite e dei profitti: Offrire esperienze coinvolgenti e personalizzate può aumentare la soddisfazione dei clienti e la loro propensione all'acquisto. Ciò si traduce in un aumento delle vendite e dei profitti per l'azienda.

Per implementare con successo il marketing esperienziale e la personalizzazione, le aziende devono raccogliere dati accurati sui clienti, utilizzare strumenti e tecnologie avanzate per l'analisi dei dati e sviluppare strategie di marketing mirate e personalizzate. Inoltre, è fondamentale monitorare continuamente i risultati e adattare le strategie in base al feedback e ai comportamenti dei clienti.

Previsione delle Tendenze Future nel Marketing

Prevedere le tendenze future nel marketing può essere un compito sfidante ma importante per rimanere competitivi nel mercato in continua evoluzione. Tuttavia, ci sono alcune aree che possono offrire indizi su cosa aspettarsi nel futuro del marketing:

Digitalizzazione continua: L'ascesa delle tecnologie digitali è destinata a continuare e ad avere un impatto significativo sul marketing. Ci si può aspettare un'ulteriore crescita delle strategie di marketing digitale, come l'utilizzo dei social media, l'e-mail marketing, la pubblicità online e l'ottimizzazione dei motori di ricerca. Inoltre, l'integrazione di tecnologie emergenti come l'intelligenza artificiale, la realtà aumentata e la realtà virtuale potrebbe aprire nuove opportunità nel campo del marketing.

Esperienza del cliente focalizzata: L'esperienza del cliente sarà sempre più al centro delle strategie di marketing. Le aziende si concentreranno sulla personalizzazione delle interazioni e sull'offerta di esperienze coinvolgenti e significative per i clienti. La comprensione approfondita dei bisogni, dei desideri e dei comportamenti dei clienti attraverso l'analisi dei dati diventerà essenziale per offrire esperienze rilevanti e personalizzate.

Crescita del marketing influencer: L'influenza dei social media e dei creatori di contenuti continuerà a crescere nel marketing. Le aziende si avvarranno di influencer e creatori di contenuti per promuovere i loro prodotti o servizi, sfruttando l'autorità e l'audience di queste figure per raggiungere un pubblico più ampio e ottenere maggiore credibilità.

Crescita del marketing basato sui valori: I consumatori sono sempre più interessati a sostenere marchi che condividono i loro valori e che dimostrano responsabilità sociale. Le aziende che adottano una strategia di marketing basata sui valori, mettendo in evidenza l'impatto sociale e ambientale delle loro attività, potrebbero ottenere un vantaggio competitivo.

Evoluzione delle strategie di content marketing: Il content marketing continuerà a essere un elemento chiave nelle strategie di marketing. Tuttavia, le aziende dovranno essere più creative e strategiche nella produzione di contenuti di alta qualità e rilevanti per il loro pubblico di riferimento. Ci si può aspettare un maggiore utilizzo di formati di contenuto innovativi, come video, podcast e storytelling interattivo.

Aumento dell'importanza dell'analisi dei dati: Con l'aumento del volume di dati disponibili, l'analisi dei dati diventerà ancora più cruciale per guidare le decisioni di marketing. L'utilizzo di strumenti di analisi avanzati e l'intelligenza artificiale per estrarre insight significativi dai dati aiuterà le aziende a prendere decisioni più informate e a migliorare l'efficacia delle loro strategie di marketing.

È importante notare che le tendenze nel marketing possono variare a seconda dell'industria, del mercato di riferimento e dei cambiamenti socio-economici. Pertanto, le aziende dovrebbero monitorare attentamente l'evoluzione del settore e adattare le loro strategie di conseguenza per rimanere rilevanti e competitivi.

CAPITOLO 10

Conclusioni e Azioni da Intraprendere

Il marketing aziendale è un'area cruciale per il successo delle aziende in un mercato competitivo. Attraverso strategie di marketing efficaci, le aziende possono creare valore per i clienti, soddisfare le loro esigenze e raggiungere gli obiettivi aziendali. Al fine di sfruttare appieno le opportunità offerte dal marketing aziendale, è importante tenere conto di alcune considerazioni:

Adattabilità: Il marketing aziendale è in costante evoluzione, quindi le aziende devono essere flessibili e pronte ad adattarsi alle nuove tendenze, tecnologie e cambiamenti nel comportamento dei consumatori. Mantenere un'attenzione costante alle tendenze del settore e alle esigenze dei clienti aiuta a mantenere un vantaggio competitivo.

Utilizzo di dati e analisi: L'analisi dei dati gioca un ruolo fondamentale nel marketing aziendale. Le aziende devono raccogliere e analizzare dati accurati sui clienti, le performance delle campagne e le metriche di marketing per prendere decisioni informate e ottimizzare le strategie di marketing.

Coinvolgimento dei clienti: Il coinvolgimento dei clienti è fondamentale per il successo del marketing aziendale. Creare un'esperienza coinvolgente e personalizzata, interagire con i clienti attraverso i canali appropriati e ascoltare attentamente il loro feedback aiuta a costruire una relazione solida e duratura.

Collaborazione tra i reparti aziendali: Il marketing aziendale funziona meglio quando c'è una stretta collaborazione tra i diversi reparti aziendali, come vendite, comunicazione, operazioni e finanza. L'interazione e la condivisione di informazioni tra questi reparti favoriscono una visione olistica del cliente e una maggiore coerenza nelle strategie e nelle attività aziendali.

Sostenibilità e responsabilità sociale: Integrare l'etica, la sostenibilità e la responsabilità sociale d'impresa nel marketing aziendale può creare un impatto positivo sulla reputazione del marchio e soddisfare le aspettative dei consumatori moderni.

Infine, è importante ricordare che il marketing aziendale è un processo continuo che richiede monitoraggio, misurazione dei risultati e adattamento delle strategie. Mantenere un atteggiamento proattivo, restare aggiornati sulle ultime tendenze e ascoltare attentamente i clienti sono elementi chiave per il successo a lungo termine nel campo del marketing aziendale.

Sintesi delle Strategie di Marketing Aziendale

Le strategie di marketing aziendale si concentrano sulla creazione di valore per i clienti, la soddisfazione del cliente e il raggiungimento degli obiettivi aziendali. Alcune delle strategie chiave includono:

Segmentazione di mercato e targeting: Identificare i segmenti di mercato più rilevanti e concentrare le risorse di marketing su di essi. Questo consente di adattare le offerte di marketing alle esigenze specifiche dei diversi gruppi di clienti.

Proposta di valore unica: Sviluppare una proposta di valore unica che differenzia l'azienda dai concorrenti e offre un motivo convincente per i clienti di scegliere i suoi prodotti o servizi.

Mix di marketing: Utilizzare una combinazione di leva di marketing, tra cui prodotto, prezzo, distribuzione e promozione, per raggiungere gli obiettivi di marketing. Questo include la progettazione di prodotti attraenti, la determinazione di prezzi competitivi, l'implementazione di strategie di distribuzione efficaci e la promozione dei prodotti in modo persuasivo.

Marketing digitale: Sfruttare le opportunità offerte dal marketing digitale, come l'utilizzo dei social media, la pubblicità online, l'ottimizzazione dei motori di ricerca e il marketing automation, per raggiungere un pubblico più ampio e interagire con i clienti in modo più efficace.

Customer relationship management (CRM): Implementare sistemi e processi per gestire le relazioni con i clienti in modo efficace. Ciò include la raccolta e l'analisi dei dati sui clienti, la personalizzazione delle interazioni e il mantenimento di una comunicazione costante per migliorare la soddisfazione e la fedeltà dei clienti.

Misurazione dei risultati e adattamento delle strategie: Monitorare attentamente le prestazioni delle attività di marketing utilizzando indicatori chiave di performance (KPI) e metriche appropriate. Questo consente di valutare l'efficacia delle strategie di marketing e apportare eventuali modifiche per ottenere risultati migliori.

Etica e responsabilità sociale: Considerare l'impatto sociale e ambientale delle attività di marketing e adottare pratiche etiche e sostenibili. Ciò contribuisce a costruire una reputazione positiva del marchio e a soddisfare le aspettative dei consumatori moderni.

È importante adattare queste strategie alle specificità dell'azienda, dell'industria e del mercato di riferimento per ottenere i migliori risultati.

Pianificazione e Implementazione di un Piano di Marketing

La pianificazione e l'implementazione di un piano di marketing sono cruciali per il successo delle attività di marketing aziendale. Ecco i passaggi chiave per creare e attuare un piano di marketing efficace:

Analisi della situazione: Valutare la situazione di mercato, comprese le tendenze del settore, la concorrenza, le opportunità e le minacce. Analizzare anche i punti di forza e le debolezze dell'azienda per identificare le aree di miglioramento.

Definizione degli obiettivi di marketing: Stabilire obiettivi chiari e misurabili che si desidera raggiungere con il piano di marketing. Gli obiettivi dovrebbero essere specifici, realistici e allineati agli obiettivi aziendali complessivi.

Identificazione del target di mercato: Definire il pubblico di riferimento per il prodotto o servizio dell'azienda attraverso la segmentazione di mercato. Questo aiuta a personalizzare le strategie di marketing per soddisfare le esigenze specifiche dei diversi segmenti di clientela.

Sviluppo della strategia di marketing: Creare una strategia di marketing che includa il posizionamento del marchio, il mix di marketing (prodotto, prezzo, distribuzione, promozione) e le attività di comunicazione. La strategia dovrebbe essere in linea con gli obiettivi di marketing e orientata al target di mercato identificato.

Pianificazione delle attività di marketing: Definire le tattiche specifiche che saranno utilizzate per attuare la strategia di marketing. Questo potrebbe includere campagne pubblicitarie, attività di social media, eventi di promozione, marketing diretto e altro ancora. Stabilire anche un calendario per l'esecuzione delle attività.

Assegnazione delle risorse: Allocare le risorse necessarie per attuare il piano di marketing, tra cui budget, personale e strumenti di marketing. Assicurarsi di distribuire le risorse in modo efficace in base alle priorità e alle esigenze del piano.

Implementazione e monitoraggio: Eseguire le attività di marketing secondo il piano stabilito e monitorare attentamente i risultati. Misurare le metriche di marketing e confrontarle con gli obiettivi per valutare l'efficacia delle strategie e apportare eventuali modifiche o correzioni.

Valutazione e miglioramento: Valutare periodicamente l'efficacia complessiva del piano di marketing e apportare miglioramenti in base ai risultati e al feedback. Adattare il piano di marketing in base alle nuove sfide, opportunità o cambiamenti nell'ambiente di business.

La pianificazione e l'implementazione di un piano di marketing richiedono un approccio strategico, la raccolta di dati accurati, l'analisi delle prestazioni e la flessibilità per adattarsi ai cambiamenti. È un processo iterativo che richiede attenzione continua per ottenere risultati di successo nel raggiungimento degli obiettivi di marketing e aziendali.

Monitoraggio dei Risultati e Adattamento alle Esigenze Cambianti

Il monitoraggio dei risultati e l'adattamento alle esigenze cambianti sono fondamentali per il successo di un piano di marketing. Ecco alcuni passaggi chiave per effettuare un monitoraggio efficace e apportare eventuali adattamenti:

Definizione di indicatori chiave di performance (KPI): Identificare i KPI pertinenti per misurare i risultati delle attività di marketing in base agli obiettivi stabiliti. Ad esempio, potrebbero includere il tasso di conversione, il traffico del sito web, il tasso di apertura delle email o l'engagement sui social media. I KPI dovrebbero essere quantificabili e misurabili nel tempo.

Raccolta e analisi dei dati: Raccogliere dati accurati sulle performance delle attività di marketing attraverso strumenti di analisi web, strumenti di tracciamento delle campagne, sondaggi o altre fonti di dati pertinenti. Analizzare i dati per valutare il rendimento delle diverse tattiche di marketing e identificare eventuali punti di forza o debolezze.

Valutazione dei risultati rispetto agli obiettivi: Confrontare i risultati ottenuti con gli obiettivi stabiliti nel piano di marketing. Verificare se si sono raggiunti i KPI desiderati e se le prestazioni sono in linea con le aspettative. Se necessario, identificare le aree che richiedono miglioramento o che potrebbero beneficiare di un'ottimizzazione.

Identificazione delle cause dei risultati: Analizzare le ragioni dietro i risultati ottenuti. Identificare le variabili che possono aver influenzato le performance, come il targeting di mercato, il posizionamento del prodotto, la concorrenza o i trend del settore. Questa analisi può aiutare a comprendere meglio le dinamiche del mercato e a prendere decisioni informate per apportare eventuali modifiche.

Adattamento delle strategie e delle tattiche: Sulla base dei risultati e dell'analisi dei dati, apportare adattamenti alle strategie e alle tattiche di marketing. Questo potrebbe includere modifiche al messaggio di marketing, all'allocazione del budget, all'ottimizzazione dei canali di comunicazione o all'aggiustamento delle offerte di prodotti o servizi. Assicurarsi di effettuare modifiche basate su dati concreti e di testare le nuove strategie prima di implementarle su larga scala.

Monitoraggio continuo e iterazione: Mantenere un monitoraggio costante dei risultati e delle performance, effettuando regolarmente analisi e adattamenti. Il mercato e l'ambiente aziendale possono evolvere rapidamente, quindi è importante essere pronti a modificare le strategie di marketing in base alle nuove esigenze e alle opportunità emergenti.

L'obiettivo principale del monitoraggio e dell'adattamento è ottimizzare l'efficacia delle attività di marketing, migliorare il ritorno sull'investimento e mantenere un vantaggio competitivo nel mercato. È un processo iterativo che richiede agilità e prontezza nel rispondere ai cambiamenti del mercato e delle esigenze dei clienti.

Sfide e Opportunità del Marketing Aziendale nell'era Digitale

Nell'era digitale, il marketing aziendale si confronta con una serie di sfide e opportunità uniche. Ecco alcune delle principali sfide e opportunità che le aziende devono affrontare:

Sfide:

Sovraccarico di informazioni: I consumatori sono bombardati da un'enorme quantità di informazioni e messaggi di marketing. Le aziende devono lottare per attirare l'attenzione dei consumatori e distinguersi dalla concorrenza.

Evoluzione delle piattaforme digitali: Le piattaforme digitali stanno evolvendo rapidamente, con nuovi canali e strumenti che emergono costantemente. Le aziende devono adattarsi e capire come utilizzare efficacemente queste nuove opportunità.

Privacy e sicurezza dei dati: Con l'aumento dell'utilizzo dei dati dei consumatori nel marketing, sorgono preoccupazioni sulla privacy e sulla sicurezza delle informazioni personali. Le aziende devono adottare pratiche trasparenti e sicure per guadagnare la fiducia dei consumatori.

Competizione globale: L'era digitale ha aperto le porte a una competizione globale, consentendo alle aziende di raggiungere facilmente i consumatori in tutto il mondo. Le aziende devono sviluppare strategie di marketing internazionale per competere a livello globale.

Opportunità:

Targeting preciso: Le tecnologie digitali consentono alle aziende di raccogliere dati dettagliati sui consumatori e utilizzarli per segmentare il pubblico di riferimento in modo più preciso. Ciò consente di fornire messaggi di marketing personalizzati e rilevanti per i singoli consumatori.

Ampia copertura e visibilità: Le piattaforme digitali offrono alle aziende la possibilità di raggiungere un vasto pubblico di consumatori in tutto il mondo. Questa copertura estesa consente di aumentare la visibilità del marchio e raggiungere potenziali clienti in modi mai visti prima.

Interazione e coinvolgimento: I canali digitali consentono alle aziende di interagire direttamente con i consumatori, creando un'esperienza più coinvolgente. Le aziende possono utilizzare social media, chatbot e altre tecnologie per coinvolgere i clienti e costruire relazioni durature.

Misurazione e analisi dei dati: L'era digitale fornisce alle aziende una quantità senza precedenti di dati sui comportamenti e le preferenze dei consumatori. Le aziende possono utilizzare strumenti di analisi avanzati per misurare l'efficacia delle proprie attività di marketing e prendere decisioni basate sui dati per migliorare le prestazioni.

Agilità e flessibilità: Le tecnologie digitali consentono alle aziende di adattarsi rapidamente ai cambiamenti del mercato e alle esigenze dei clienti. È possibile testare e ottimizzare le strategie di marketing in tempo reale, apportando modifiche e adattamenti immediati.

Affrontare queste sfide e cogliere le opportunità richiede un'approccio strategico e innovativo al marketing aziendale. Le aziende devono essere pronte a sfruttare le tecnologie digitali, adattarsi ai cambiamenti del mercato e fornire esperienze di marketing coinvolgenti e personalizzate ai consumatori.

In conclusione, il marketing aziendale rappresenta un elemento fondamentale per il successo delle aziende nell'era digitale. Attraverso strategie efficaci, l'azienda può creare valore, soddisfare le esigenze dei clienti e ottenere vantaggi competitivi. Nel corso del libro, abbiamo esaminato i concetti fondamentali del marketing aziendale, l'evoluzione del settore, le sfide e le opportunità che le aziende devono affrontare, nonché le strategie e le pratiche migliori per raggiungere i risultati desiderati.

Abbiamo esplorato l'importanza dell'orientamento al cliente, la personalizzazione delle esperienze, l'integrazione delle diverse funzioni aziendali, l'utilizzo delle tecnologie digitali, l'etica e la responsabilità sociale, l'analisi dei dati e la misurazione dei risultati. Abbiamo anche affrontato le sfide globali, comprese la competizione internazionale, l'adattamento ai mercati esteri e la gestione della diversità culturale.

Nel mondo in continua evoluzione del marketing, è fondamentale rimanere agili, adattabili e orientati all'innovazione. Le aziende devono abbracciare i cambiamenti tecnologici, sfruttare le opportunità digitali e offrire esperienze di marketing rilevanti, coinvolgenti e personalizzate. È necessario anche adottare un approccio etico e responsabile, considerando l'impatto delle attività di marketing sull'ambiente, sulla società e sulla fiducia dei consumatori.

La pianificazione strategica, l'implementazione efficace delle attività di marketing, il monitoraggio dei risultati e l'adattamento continuo sono elementi chiave per il successo a lungo termine. È fondamentale mantenere un focus costante sulle esigenze dei clienti, cercando sempre di superare le loro aspettative e di costruire relazioni solide e durature.

In conclusione, il marketing aziendale è un processo dinamico e complesso che richiede competenze multidisciplinari, creatività e una profonda comprensione del mercato. Sfruttando le tendenze emergenti, adottando approcci innovativi e adattandosi alle esigenze dei clienti, le aziende possono raggiungere il successo nel panorama competitivo odierno. Con una strategia di marketing solida, un'attuazione attenta e un'attenzione costante alle prestazioni e all'adattamento, le aziende possono ottenere risultati eccezionali e costruire un vantaggio competitivo duraturo.

Se il libro ti è piaciuto, lasciaci una breve recensione da dove lo hai acquistato!

Grazie.

L'autore Alex Matthews

www.ingramcontent.com/pod-product-compliance
Lightning Source LLC
Chambersburg PA
CBHW071034290526
45795CB00004B/1198